1.ª edición: marzo 2007

© 2007 Francisco Ignacio Taibo Mahojo

© 2007 Ediciones B México, S.A.,
para el sello Zeta Bolsillo
Bradley 52, colonia Anzures. 11590, D.F. (México)
www.edicionesb.com
www.edicionesb.com.mx

ISBN: 970-710-245-4

Impreso por Quebecor World

EL CURA HIDALGO Y SUS AMIGOS
53 viñetas de la guerra de independencia

PACO IGNACIO TAIBO II

BOLSILLO
ZETA

Nota del autor

Esta es la séptima versión de un texto que ha ido creciendo a petición de los lectores, al que le he ido añadiendo narraciones. No se trata de una historia de la Independencia Mexicana, de la que me considero un apasionado e inculto investigador, tan solo una serie de viñetas pescadas aquí y allá. Se tituló originalmente *Lecciones de historia patria* en recuerdo del libro de Guillermo Prieto; en una segunda edición se llamó *El cura Hidalgo y sus amigos*; luego un par de ediciones más, tituladas *Abuelitos alucinados en guerra de hombres libres* y *El grito, los gritos*, y finalmente algunas ediciones piratas.

Sus últimas versiones fueron utilizadas como material para una serie de conferencias en los campamentos contra el fraude electoral del verano de 2006.

Y está dedicado a todos aquellos que alguna vez se imaginaron al cura Hidalgo con pelo negro y abundante, en particular a Marco Velázquez, y a la memoria de mi amigo Chema Lozano.

Intenciones y preguntas

Cada uno puede celebrar la independencia a su gusto. A mí me atrae la idea de reconstruir nuestro santoral laico, recuperar abuelitos alucinados en guerra de hombres libres, humanizar personajes, difundir rumores, contar anécdotas. Acercar el pasado para poderlo tocar.

Mucho deben tener estas historias de subversivas para que urja tanto olvidarlas, expurgarlas de los libros texto, reconstruir independencias insípidas y lejanas, sin contenido. Una goma de borrar gigantesca atenta contra nuestra memoria.

¿Qué tan lejos se encuentra el pasado? ¿Qué tan otros somos? ¿Qué tanto han destruido las repeticiones mecánicas, los esquemas, las horribles estampitas, los miedos del poder, las imágenes de aquellos otros millares de mexicanos en guerra santa por la independencia? ¿Qué tan cerca se encuentra su necesidad de independencia de nuestra necesidad de independencia?

¿Puede entenderse la historia nacional de otra manera que como un nudo de pasiones y conflictos violentos, en los que la revolución, la revuelta popular, no necesita justificaciones, porque se justifica por sí misma y en las condiciones materiales que la producen, ante un poder que no le ofrece a la sociedad otra salida?

No se trató de una asonada, de un golpe militar, una conjura palaciega. En los orígenes, el movimiento independiente fue una terrible y cruenta guerra social, que abrió la puerta a una devastadora guerra, una revolución que duró once años.

¿Puede ser vista la historia insurgente como una vieja obra de teatro donde los comportamientos de cada cual son sujeto de explicación mediocre, donde todos tienen razón y razones, donde no hay causas ni partidos, culpables o inocentes? ¿Se puede enfriar la historia al gusto de algunos fríos historiadores sentados sobre sus frías posaderas, en frías sillas de biblioteca?

¿Puede acercarse uno a la historia sin buscar la identificación del presente en el pasado, la continuidad de las voluntades o la herencia?

Yo no puedo.

Peligroso en tiempos de insurgentes andar recordando los gritos completos, con todo y el remate de «Muera el mal gobierno». Peligroso intentar recuperar el sentido de palabras que se han ido vaciando de contenido, como *patria*, *heroísmo*. Palabras que suenan asociadas a la cursilería y a la demagogia.

Mucho mejor secarlas y olvidarlas, convertir el estudio de la independencia en castigo a escolares que tienen que memorizar cuatro pendejadas, nombres de plazas, estaciones de metro, monumentos.

Hay un homenaje que es deshomenaje, hay una memoria que es desmemoria.

Si aquellos nos dieron la patria, ¿quiénes luego nos la quitaron?

¿Quiénes pretenden hacer de Hidalgo un cura iluso, de Morelos un recalcitrante y obseso regordete, de Guerrero un terco analfabeta, de Mina un necio gachupín metido en cosas que no le importaban, de Iturbide un libertador?

Quizá sea el momento de decir: «¡Viva el cura Hidalgo y sus amigos! ¡Vivan los héroes que nos dieron patria! Sus fantasmas siguen entre nosotros.»

1

LA HISTORIA COMO
NOVELA IMPERFECTA

En el año 1792 Miguel Hidalgo fue a dar a Colima exilado de rectorías y cargos de Valladolid. Por liberal y mujeriego, dirían las malas lenguas.

Y estando en Colima, durante algunos meses juntó chatarra, pedacería de cobre, palmatorias de velas, cucharas herrumbrosas, que sus feligreses no querían; las jaladeras viejas de un cajón, un barreño oxidado... Con este innoble material tenía la intención de fundir una campana.

El chatarrero que se habría de hacer cargo de la fundición le oyó decir que quería hacer «una campana que se oiga en todo el mundo.»

Finalmente fue fundida, pero la historia, que es como una novela imperfecta, hizo que la campana no lo acompañara a su futuro curato de Dolores y que no fuera esa la campana que habría de llamar a arrebato a los ciudadanos del pueblo la noche del 15 de septiembre.

La mencionada campana se quedó en Colima y al paso de los años fue fundida para hacer cañones para un regimiento de gachupines realistas.

2

MOLIÈRE

El cura llegó a San Felipe en enero de 1793 en un segundo exilio interior. Para combatir el aburrimiento de las tardes decidió crear un grupo de teatro de aficionados. Parece ser que el asunto tenía segundas intenciones porque quería conquistar a una jovencita de la región a la que le propuso entrar en la compañía, Josefa Quintana, de «dulce mover de ojos.»

Buscando la obra apropiada, recurrió a su arsenal de lecturas prohibidas y censuradas, y encontró entre ellas una obra de Molière que le resultaba particularmente grata: *El Tartufo*. Lamentablemente la obra no había sido traducida en la conservadora España y se vio obligado a hacer su propia y, por tanto, primera traducción.

Con *El Tartufo* en la mano el grupo dirigido por el cura se puso en acción y la obra fue estrenada.

Y sí, también conquistó a su primera actriz, Josefa, con la que habría de tener dos hijos.

Mientras escribo esta pequeña historia me siento particularmente orgulloso. Por fin tengo un guante blanco que devolverle a aquel profesor de secundaria que me hizo odiar la historia de México. Contra su Hidalgo rígido y bobalicón, este pícaro traductor de Molière, bordando la doble herejía en las aburridas tardes de San Felipe.

3

EL PADRE DE LA PATRIA NO CREÍA EN LOS REYES MAGOS

En un artículo escrito hace cincuenta años por el historiador Juan Hernández Luna (el álter ego de mi compadre), analizaba el mundo intelectual de Miguel Hidalgo.

Personaje sorprendente, Hidalgo había pasado veintisiete años de su vida en las universidades católicas (las únicas existentes) en el mundo novohispano, sumergido en la teología, la escolástica, el recuento de las plumas de los ángeles. Y sin duda como resultado de esta experiencia, al paso de los años, el cura no parecía tenerle demasiado respeto a las instituciones universitarias, en particular a la Real y Pontificia Universidad de México en la que decía había «una cuadrilla de ignorantes». Y parecía no darle demasiada importancia a no haberse doctorado, a causa de la enfermedad de su padre, cosa que el conservadurísimo historiador Lucas Alamán, bastante dado a la calumnia, lo atribuía a que se había jugado a las cartas en Maravatío el dinero para pagar los estudios.

De su paso por el mundo académico Miguel Hidalgo había sacado quizá lo más importante: el conocimiento y la capacidad de leer y escribir en italiano, francés, español y latín, a los que su experiencia vital había añadido el hablar otomí, náhuatl y tarasco.

Hidalgo no parecía tenerle mucho respeto a la Biblia estudiada «de rodillas y con devoción», porque había que leerla con «libertad de entendimiento», lo que le permitía dudar quién era el buen ladrón, si Dimas o Gestas y tener muy serias dudas sobre la existencia de los Reyes Magos, o dudar de la presencia de un buey y una mula cerca del pesebre en Nazareth donde nació Jesús. Cuestionaba también lo inútil que resultaba arrojar agua bendita sobre los muertos porque «carecen de sentido del conocimiento»; criticaba a Santa Teresa por ser una «ilusa» que se azotaba mucho y ayunaba, y por eso «veía visiones»; y algo muy peligroso, llamaba a la Inquisición «indecorosa», según se registró en la denuncia que el chismoso de Fray Martín de Huesca hizo contra él en 1800.

De lo que no hay duda es que entre sus lecturas favoritas se contaba el Corán, las obras de teatro de Molière y Racine y los escritos de Voltaire, Diderot y Rousseau.

4

LA CONSPIRACIÓN
IMPOSIBLE

De aquellos torrenciales meses de agosto de 1810, cuando el ciclón golpeó las costas y destruyó las casas de Acapulco y las embarcaciones en Veracruz, nos queda la lujuriosa prosa de los soplones y los traidores, las historias entredichas en las denuncias anónimas o firmadas, y muy pocas remembranzas de los supervivientes. Pero sobre todo queda el rumor.

Se decía entre los barberos del Bajío que a los europeos los iban a agarrar y poner en un barco en Veracruz, pero solo a los solteros, a los casados se les iba a perdonar. Decían también que «ellos» iban a tomar todo el maíz de la Alhóndiga y ponerlo en la calle para que el pueblo lo tomara de balde, o que «ellos» iban a sacar a todos los presos de las cárceles.

Detrás del rumor estaba una conspiración que tenía un millar de afiliados. Allende en su juicio hablaría más tarde de tres mil, que serían en su mayoría curiosos y mirones, porque a la hora de la verdad resultaron muchos menos y curiosamente, más tarde, muchos más.

No partía de las grandes ciudades de la Nueva España: la Ciudad de México, Puebla y Veracruz, sino del centro del país: Santiago de Querétaro, San Miguel el Grande, Celaya, Guanajuato.

Era un grupo de hombres y mujeres con pocas artes en el asunto de conspirar, un grupo de confabulados *amateurs*, provincianos, que suplían con el ardor de las palabras, la fortaleza del verbo en las tertulias chocolateras, sus habilidades para preparar una revolución. Decían cosas como «Seremos unos tales si aguantamos este año», o escribían en las paredes del cuartel: «Independencia, cobardes criollos.»

Curas ilustrados y con hijos, boticarios de pueblo, músicos, licenciados, notarios, pequeños comerciantes, administradores de correos, soldados que nunca habían hecho guerras, pertenecientes a un regimiento provincial que se dedicaba a cuidar los caminos.

El centro parecía estar en el salón queretano de los Domínguez, donde el pusilánime corregidor controlaba el radicalismo de su esposa, Josefa. Ahí se reunían el abogado Parra, el farmacéutico Estrada, el presbítero Mariano Sánchez, con el infatigable Ignacio Allende, un oficial viudo y buen jinete de cuarenta y un años que había conectado y armado una red de militares subalternos y paisanos a lo largo de todo el centro del país.

Muy en la periferia del complot se encontraba un cura de pueblo, el de Dolores, avejentado (solo tenía cincuenta y siete años), Miguel Hidalgo, que había dudado mucho antes de sumarse al complot.

Querían la independencia para la Nueva España, el fin de la sociedad de castas.

Los soplones, los funcionarios, los bien enterados, en los últimos dos meses cuando las noticias de la conspiración comenzaron a filtrarse, los miraban con una cierta ambigüedad; a veces decían de ellos que «la cosa estaba en manos de gente poco temible», que eran unos conspiradores de «poca ropa», que organizaban bailes entre los soldados de Celaya para conquistarlos, que leían poemas, o que provocaban en las fiestas insultando a los gachupines y hablaban de independencia y revolución.

Para hablar de ellos se usaban metáforas no-vedosas como que «electrizaban a jóvenes sin reflexión». Y se hablaba mucho de amolar y afilar los sables, pero lo que se afilaba eran los zapatos en los bailes que se sucedían en el entresuelo de la casa de Domingo Allende.

La verdad es que era la conspiración más condenada al fracaso que había tenido lugar jamás en nuestra tierra. Nunca antes un grupo clandestino había estado tan repleto de indecisos, rodeado de traidores, soplones, advenedizos.

No podían triunfar.

5

TRAIDORES Y CHAQUETEROS

El alzamiento estaba previsto para el primero de octubre. Pero desde agosto comenzaron a llegar a las instituciones virreinales multitud de denuncias. Un tal Galván, empleado de correos que había tratado de infiltrarse en la conspiración utilizando a su hermano mayor, que estaba legítimamente en el asunto, resultó bloqueado por falta de confianza y solo pudo transmitir rumores a las autoridades.

Un peluquero le contó a la esposa del hijo de un tal Luis Frías, que a su vez lo transmitió a las autoridades, que iban a coger a todos los gachupines y llevarlos a Veracruz.

Un mozo de hacienda llamado Luis Gutiérrez delató a Allende: «Mi amo va a Querétaro, anda con el empeño de acabar a todos los gachupines del reino.»

A estas denuncias se habría de añadir la de un cura, que violando el secreto de confesión, avisó al comandante de brigada y al corregidor que había hombres armados con lanzas y se aprestaba la sublevación.

El 10 de septiembre José Alonso, sargento del regimiento de Celaya, le pidió a su amigo Juan Noriega en la Ciudad de México que pusiera en las manos del virrey una denuncia que señalaba que Allende estaba convocando a militares y vecinos de San Miguel y San Felipe a un alzamiento por la independencia; señalaba que se debía pasar a la acción de inmediato porque la mayoría de los oficiales estaban comprometidos.

Ese mismo día, el alcalde de Querétaro tomó en sus manos el papel de desarticulador de la conspiración y envió al capitán Manuel García Arango a la Audiencia de la Ciudad de México con un pliego donde se reseñaba la lista de conspiradores: Hidalgo, Allende, Aldama, el capitán N.S., el licenciado Altamirano, el presbítero J. Ma. Sánchez, el licenciado Parra, Antonio Téllez, Francisco Araujo. Las denuncias incluían al corregidor Domínguez y los alféreces del batallón de Celaya.

Ochoa insistió al día siguiente con otra carta al virrey y reiteró que no se podía confiar en

Domínguez, corregidor de la ciudad, cuya esposa «se expresa con la mayor locuacidad contra la nación española». Incluía una nueva lista en la que se añadía entre otros el nombre del capitán Joaquín Arias de Celaya.

Arias, al saberse implicado en las denuncias, se acercó a Ochoa y confesó los pormenores de la conspiración. Personaje singular iba a sumarse más tarde a la insurrección, probablemente como espía, y tendría altos cargos militares en la campaña de Hidalgo, hasta morir en la emboscada de Acatita a manos de los propios realistas.

Ochoa, con estos elementos en la mano, acudió con Domínguez, quien a su vez estaba bajo las presiones del cura reaccionario de Querétaro, Gil de León, y finalmente lo disuadió para que actuara contra sus compañeros.

Por si fuera corta la lista de denuncias, el 13 de septiembre el soldado Garrido denunció al intendente de Guanajuato, Riaño, que Hidalgo le había dado un dinero y la orden de subvertir a los soldados de su regimiento. Riaño detuvo rápidamente al grupo de militares sin saber que en Querétaro Ochoa y Domínguez estaban actuando en el mismo sentido.

En horas los grupos de Querétaro y Guanajuato habían sido desarticulados. Parecía que la conspiración, como tantas otras en años precedentes, había abortado. Quedaba en manos de las autoridades del virreinato tan solo una acción preventiva de carácter policial para atar los cabos. El virrey Venegas, recién llegado a la Nueva España, recibió el consejo de que enviara el escuadrón de dragones de México, pero la conspiración le pareció poca cosa y optó por dejar que se resolviera a localmente. De manera que todo se limitó a ordenar a un escuadrón que fuera hacía San Miguel el Grande y Dolores para detener al viejo cura y a los oficiales del regimiento de la reina. Del poco valor de los complotados hablan los primeros interrogatorios celebrados en Querétaro, donde con muy contadas excepciones, todos los detenidos se dedicaron a denunciarse entre ellos, a involucrar a los ausentes y a declararse inocentes. Salva la jornada las declaraciones de Epigmenio González, asumiendo su responsabilidad en una independencia en la que creía; y el caso de Téllez, quien fingió que se había vuelto loco y tocaba un piano inexistente mientras lo careaban con el capitán Arias.

El arranque de Hidalgo un día y medio más tarde habría de cambiar la historia.

6

JOSEFA

Pocos personajes asientan tan mal en los papeles que la historia les otorga como Josefa Ortiz, convertida por azar en madre de la patria, gracias a un único gesto político: haber avisado a Hidalgo y Allende que la conspiración había sido descubierta.

Tenía cuarenta y dos años, michoacana de Valladolid, una dama regordeta, matrona de ojos vivaces y abundante pecho. Muy conservadora en ciertas cosas, no permitía que sus hijas fueran a bailes o al teatro y bien se cuidaba de que Allende o los oficiales del regimiento de la reina coquetearan con ellas.

Casada con el abogado Miguel Domínguez, corregidor de Querétaro, su salón sería el centro de la conspiración del chocolate y el café.

Conocida es la historia de que al descubrirse la conspiración, Domínguez no resistió las presiones y colaboró en las detenciones para evitar que se hiciera evidente su papel. Temeroso de que su mujer lo comprometiera, decidió encerrarla bajo llave para que no cometiera un desaguisado.

Curioseando en la biografía que le dedica Alejandro Villaseñor descubrí que Josefa, como muchas damas de la época, no sabía escribir, pero sí leer. Y eso me llevó en un rastreo minucioso a la búsqueda de desentrañar si el mensaje enviado a Hidalgo había sido verbal o escrito. Porque Josefa cuando tenía que mandar una carta recortaba letras impresas de periódico y las pegaba en papel de china utilizando más tarde como mensajera a una mujer de la que lo único que se sabe es que tenía el noble oficio de cohetera (sí, lanzaba cohetes en las fiestas). En la imaginación de novelista veía la nota que dio origen a la independencia como una de esas cartas anónimas de secuestro y veía a Josefa desesperada, mientras comenzaban las detenciones en Querétaro, recortando apresurada letras de viejos periódicos.

Lamentablemente la historia es demasiado bella para ser cierta. Josefa debería saber escribir porque en la colección de Genaro García se encuentran tres cartas facsimilares escritas cuatro años más tarde y firmadas por ella y lamentablemente la firma de Josefa es igual a la letra de las cartas, o sea que hay que excluir que fueran escritas por otro y firmadas por ella.

Y además, el mensaje sin duda existió pero fue verbal, y no fue uno, sino al menos tres.

En la tarde del 13 de septiembre, Josefa, taconeando tres veces desde el cuarto en que estaba encerrada, transmitió una señal de peligro acordada con su vecino del entresuelo, el alcaide de la cárcel, Ignacio Pérez, quien subió y escuchó a través de la cerradura que la conjura había sido descubierta.

Otros dos mensajeros convocados por la propia Josefa o por Pérez, que la cosa nunca quedará muy clara, son portadores del mismo aviso a los conspiradores de San Miguel el Grande y Dolores. Todo parece una comedia de errores. Los enviados serían Francisco López, que tardó dos días en llegar con el recado porque se le cansó el caballo y terminó recorriendo el camino a pie, y Pancho Anaya, que se detuvo en la hacienda de Jalpa para ver un coleadero y llegó cuando los hechos se habían consumado.

Parece ser, y todo esto según las múltiples delaciones, que de eso se hace la historia cuando termina en derrota, que Josefa lo intentó una vez más, pero se equivocó de mensajero, porque el capitán Arias ya se había cambiado de bando.

A causa de estas intervenciones y habiendo sido señalada por varios de los delatores, incluso por un soplón anónimo que la definía como «agente precipitado», fue detenida e internada en el Convento de Santa Clara, o en el de Santa Teresa, o en los dos.

Años más tarde, en una de las tantas represiones ordenadas por Calleja, fue detenida nuevamente a pesar de estar embarazada, acusada de haber colaborado en la colocación de pasquines antirrealistas en Querétaro.

Josefa tenía entonces cuarenta y cinco años y catorce hijos, por cierto que el mayor de ellos, de veinte años, había sido incorporado el ejército realista por su padre para combatir a los insurgentes.

Trasladada a la Ciudad de México fue recluida en el convento de Santa María la Antigua. Poco después fue liberada y condenada casi de inmediato a una nueva reclusión en otro convento, el de Santa Catarina de Siena en el que pasó un año, o cuatro, liberada en junio de 1817 con la obligación de permanecer en la Ciudad de México.

Sobrevivió al proceso revolucionario y cuando en el imperio de Iturbide la nombraron dama de honor de la emperatriz Ana, se negó a aceptar el cargo, así como dos años más tarde se negó a recibir recompensas económicas por su participación en la conspiración que dio origen a la independencia. La fecha de su muerte permanece en las sombras, algunos dicen que ocurrió en 1829. Se sabe que sus restos se encuentran en la iglesia de Santa Catalina.

7

LA LISTA DE LOS PADRES DE LA PATRIA ESTARÁ INCOMPLETA
(DE LOS CRUELES DESTINOS)

Tenía treinta y dos años y solo había sido un engranaje menor en la conspiración. Pequeño comerciante de Querétaro, Epigmenio González era propietario de un taller ubicado en su casa de la calle de San Francisco. Junto a su hermano, que se llamaba (claro está) Emeterio, fabricaba las astas para las lanzas, y ayudado por unos coheteros ya habían manufacturado unos dos mil cartuchos.

Cuando la conspiración fue denunciada, su nombre fue uno de los primeros en salir a la luz y el día 15 de septiembre los alguaciles registraron su taller, encontrando un haz de largos palos y un hombre rellenando de pólvora unos cartuchos; dos escopetas, dos espadas y una lanza. Antes de ser detenido Epigmenio tuvo tiempo de enviar un mensajero a los conspiradores de Guanajuato. Luego llegaron los gendarmes y a jaloneos y empujones se lo llevaron a la cárcel.

Mientras los acontecimientos de todos conocidos se sucedían, los participantes en la conspiración detenidos cayeron en un lamentable rosario de entregas, debilidades, vacilaciones y peticiones de perdón y clemencia. Epigmenio fue uno de los pocos que conservó la dignidad y no denunció a nadie.

Detenido en la Ciudad de México, mientras esperaba proceso, participó en la conspiración de Ferrer. Nuevamente descubierto fue condenado a cadena perpetua en el régimen de trabajos forzados y enviado al Fuerte de San Diego en Acapulco, donde enfermó y quedó baldado. La humedad de los calabozos y los malos tratos hicieron que empeorara su condición. Más tarde fue deportado a Manila, donde siguió en régimen carcelario con una condena de por vida.

Desde lejos, siempre desde lejos, asistió como espectador impotente a los alzamientos y los fracasos del largo rosario de combates de la guerra civil. Cuando en 1821 la defección de Iturbide y su alianza con Guerrero consumaron militarmente la independencia, Epigmenio seguía en prisión. Los españoles no reconocieron la nueva república y mantuvieron en cárcel y reclusión a los presos políticos a los que no admitían en su nueva calidad de mexicanos.

No sería sino hasta 1836, cuando se firmó la pospuesta paz, que Epigmenio fue liberado.

Había pasado veintisiete años en las prisiones imperiales. La liberación resultó tan terrible como la cárcel. Sin dinero, enfermo, sin poderse pagar el viaje para retornar a México, por fin consiguió de las autoridades locales pasaje para España y allí, tras mucho peregrinar, un comerciante se compadeció de sus desventuras y le prestó los dineros.

Se podían contar ya veintiocho años fuera de su país. Cuando al fin llegó a Querétaro, de sus viejas amistades, de los conspiradores originales, no quedaba nadie, ni siquiera su parentela le había sobrevivido, con la excepción de una anciana tía.

Se acercó al nuevo gobierno y le preguntaron: «¿Y usted quién es?» Y Epigmenio González contestó muy orgulloso: «Yo soy uno de los padres de la patria, el primer armero de la revolución». Y le dijeron: «No, cómo va a ser, la lista oficial es: Hidalgo, Allende, Aldama, Morelos... Para ser padre de la patria hay que morir de manera gloriosa y estar en la lista oficial. Usted no está en la lista…»

Terminó su vida como velador de un museo, olvidado de todos, abandonado hasta de sus recuerdos. Afortunadamente un periodista curioso lo descubrió en 1855 y Epigmenio narró al diario *La Revolución* su apasionante historia.

Mientras termino de escribir esta notita pensando en Epigmenio González, me juro que he de colaborar a reparar el error, y cada vez que repase la lista oficial: Hidalgo, Guerrero, Morelos, Mina…, añadiré a Epigmenio.

8

EL GRITO

Un viernes 14 de septiembre, en la pequeña ciudad de Dolores, que Payno definiría más tarde como un «pueblo melancólico», el cura de la población, de nombre Miguel, recibió noticias de que la conspiración en la que estaba involucrado había sido delatada, y mandó a llamar a uno de los pocos dirigentes implicados que le daban confianza, el oficial del ejército Ignacio Allende, que se hallaba en San Miguel.

Esa misma tarde, hacia las seis, Allende llegó a Dolores y no encontró al cura en su casa, lo buscó por la población y lo halló en la casa del gachupín Larrinúa, enemigo de la causa. Pareciera que Hidalgo lo había elegido para despistar. ¿A quién? ¿A quiénes? Nada está claro en esta historia. ¿Qué esperan? ¿Por qué no se movilizan? ¿Quién sabe qué está pasando en Querétaro? Esa noche ambos dormirán en la casa de Hidalgo.

Sábado 15 de septiembre. Continúan llegando rumores, vagas noticias de que la conspiración ha sido descubierta; los dos personajes se mantienen en la indecisión. Pancho Rabelo, administrador de correos, recibe unas órdenes de captura contra Hidalgo y Allende, que oculta a las autoridades.

El viejo cura simula la normalidad. En la noche se va a una fiesta a la casa de Nicolás Fernández donde juega a las cartas y aprovecha para pedir prestados doscientos pesos. De regreso a su casa él y Allende se preparan para pasar una noche de inquietud. ¿De qué hablan? ¿Son conscientes de que les va la vida en el asunto?

Por la noche el enviado de Josefa Ortiz de Domínguez, el famosísimo Pérez, llegará a San Miguel con la nueva de que la conspiración se ha hundido, que los complotados están detenidos o a se han dado a la fuga. No encuentra a Allende, pero se entrevista con Juan Aldama. Ambos salen para Dolores. Llegarán entre las doce y las dos de la mañana. Por esas horas también llegará un mozo enviado por Epigmenio González.

Levantados de su sueño o de la vela en la que se encontraban, los conspiradores en casa de Hidalgo, con un chocolate de por medio, conferencian: Aldama y Pérez son partidarios de huir, de ocultarse.

Y es entonces, de quien menos se espera, que surgirá la frase que hará historia. Hidalgo les dice: «Caballeros somos perdidos, aquí no hay más remedio que ir a coger gachupines». Allende, una enorme patilla que enmarcaba una cara triste de ojos grandes, asiente. Aldama, que es un pusilánime, se asusta: «Por el amor de Dios, vea vuestra merced lo que va a hacer», dirá un par de veces.

Hidalgo convoca a unas treinta personas. Son las que ha apalabrado en Dolores; unos dirán que entre ellos había dos serenos, aunque otros aclararán que no existían serenos en el pueblo. Cuentan con un arsenal de una docena de lanzas, más lo que cada cual aporte.

Desde el balcón de su casa los arenga. No hay registro de lo que desde allí se dijo. Al paso de los años eso será el símbolo central de la guerra de independencia. Esa arenga, en ese balcón. ¿Cómo era el balcón? ¿Qué contestaron los presentes al discurso del cura?

Los amotinados se dirigen a la cárcel e Hidalgo, armado de pistola, abre las puertas. Luego avanzan hacia el cuartel donde el sargento Martínez, que estaba en el ajo, suma soldados y les abre la puerta. Luego se dedican a la aprehensión de los españoles. El padre Balleza detiene personalmente en su casa al cura Bustamante, espía de la Inquisición, y le suelta unos cuantos pescozones.

La primera sangre en correr es la de José Antonio Larrinúa que recibe una pequeña herida de su aprehensor, un hombre que le tenía odios porque había estado preso por acusación suya. «Le darán cintarazos porque iba huyendo», contará más tarde Hidalgo.

Domingo 16 de septiembre, cinco de la madrugada. Un nuevo personaje entra en escena: el Cojo Galván llamado por otros el Zurdo Galván, quizá porque fuera las dos cosas. Es el responsable de hacer repicar las campanas. Unas doscientas personas acuden al primer llamado a misa y poco después llegan más de las rancherías. Hidalgo en el atrio de la iglesia pronuncia un segundo discurso.

Se cuenta que la primera reacción de los presentes fue dedicar abundantes insultos a los gachupines y que «los rebeldes» se dedicaron a burlarse de su enemigo remedando la pronunciación de ces y zetas.

9

SU JUSTICIA NO ES NUESTRA JUSTICIA

Hidalgo vaciaba las cárceles a su paso. Ordenaba que se abrieran las puertas y decía cosas como «Hijos míos, estáis libres»; o no decía nada y simplemente le ordenaba a sus fuerzas que consiguieran las llaves o tumbaran el portón.

Lo cual fue muy mal visto por los historiadores conservadores, de entonces y de ahora, muy preocupados sin duda por la ley y el orden (colonial o el que sea, tanto da el caso) y la preservación de las instituciones.

No se trataba de engrosar el ejército, ya grueso de por sí, sino de un acto de sentido común, una nueva identidad, un mensaje: «Su justicia no es nuestra justicia». Las leyes que los habían metido presos eran leyes del enemigo, que castigaban al pobre.

«Cojan, hijos, que todo esto es suyo», decía Hidalgo tirando monedas a la plebe desde un balcón en San Miguel; y en Celaya, el cura desde la ventana del mesón, arrojó dos mil pesos en monedas a los insurrectos.

Bulnes dirá que Hidalgo eligió la guerra del pueblo, porque la falta de armas lo obligó a movilizar a los pobres desarmados ante el ejército colonial. Pero no hay tal, en el cura hay una voluntad de insurrección desde abajo, de conmoción desde las raíces de su sociedad, que se expresa en el ejército que está creando.

Mientras tanto, los indios al pasar por los ríos llenaban con piedras sus morrales. La piedra de canto redondo vuela mejor, llega más lejos.

10

LAS PICARDÍAS

Mientras la plebe iba entrando en San Miguel gritando mueras a los europeos, el cura Balleza que había aparecido a mitad de la calle con doscientos hombres se identificó como insurgente y sacerdote. Un oficial español lo interpeló diciéndole:

—Qué padre ni qué mierda, si usted fuera padre, no anduviera en estas picardías, vuélvase o le vuelo la tapa de los sesos.

Pero no duró mucho la resistencia de los gachupines. Por cierto que de cincuenta curas que había en San Miguel, cuarenta apoyaron la insurrección y varios se sumaron al nuevo ejército.

Al amanecer el 19 de septiembre salen de San Miguel los seis mil insurgentes hacia Chamacuero, luego San Juan de la Vega, hacia la noche llegan a las afueras de Celaya. Curas imperialistas habían recorrido la ciudad con sable y pistolón llamando al pueblo a armarse sin que la plebe les hiciera el menor caso. Los gachupines de la ciudad y las cercanías que se habían concentrado allí repartieron armas a los dependientes de comercio.

De poco les valió, los autores de las «picardías» los barrieron.

11

VIRGEN CONTRA VIRGEN

El cura, con todo y la bola que había alzado en Dolores, en las rancherías y en San Miguel, llegó a Atotonilco y entró a paso certero sabiendo lo que estaba buscando en la sacristía. «De acuerdo a preconcebidos propósitos» tomó un óleo de «regulares dimensiones» de la virgen de Guadalupe, hizo que lo desprendieran del marco y lo pusieran en una cruceta de palo y saliendo lo ondeó ante la gente. Tumulto y júbilo. El ejército insurgente ya tenía bandera, una virgen morena, la virgen de los indios.

Pero no se trataba de una tela, sino de lienzo de madera, de tal manera que pesaba bastante y en la vanguardia de la insurgencia tenían que irse turnando sus cargadores.

Según las crónicas, iba adelante el lienzo de la virgen portada por un grupo de indios; luego a caballo el generalísimo Hidalgo, Ignacio Allende y su estado mayor; tras ellos la banda de los dragones de San Miguel tocando marchas; luego en un apretado caos los soldados que habían desertado para sumarse a la insurrección en Guanajuato, Celaya y San Miguel, mezclados con grupos de rancheros a caballo y luego la plebe, indígenas con taparrabos o con tilma con palos, piedras, hondas y muy pocas lanzas, algunos tambores que no paraban de resonar y mujeres y niños que se habían sumado.

Al respecto hay una anécdota curiosa. En el camino a Guanajuato, Allende trató de hacer una descubierta de caballería para prever malos encuentros, pero los indios que iban adelante con el estandarte guadalupano y su eterno tamborilero al lado, le dijeron que la bandera primero, luego los indios que la custodiaban, luego el cura y luego los caballos, que nada de andarse adelantando. Allende les explicó para qué servía hacer descubiertas, pero los portadores del estandarte que no deberían andar de buenos humores porque el lienzo pesaba mucho, le dijeron que se fuera al carajo. Allende intentando evitar confrontaciones consultó con Hidalgo, quien le sugirió que si quería hacer la descubierta diera un rodeo. Que para qué meterse en líos con el nuevo orden de las cosas.

La primera reacción del alto clero realista fue intentar recuperar la virgen de Guadalupe para sus filas. Es por ello el edicto del arzobispo Francisco Javier de Lizana donde dice: «Viva la virgen de Guadalupe que no vive con el que niega que sea virgen, ni con los que revuelven y amotinan los países de esta señora.»

Pero el intento fracasó y se vieron obligados a encontrar otra virgen que contraponer a la traidora. Eligieron para tal operación ideológica a la virgen de los Remedios, a la que se tenía como protectora de inundaciones y fiebres malignas en la Ciudad de México. Le pusieron las insignias de capitana general y la procesionaron con niños vestidos de ángeles o de nobles aztecas que arrojaban pétalos de flores.

Al acercarse la chusma de Hidalgo a la capital, el ejército realista se puso bajo la protección de la virgen de los Remedios y un conocido tendero gachupín elaboró medallas, estampas y escapularios para repartir entre la tropa, con la advertencia de que para que funcionaran como amuletos había que ponerlos del lado izquierdo de la casaca. Fueron cinco mil novecientas treinta piezas en total que luego, demostrando que una cosa son las creencias y otra los negocios, le cobró a la Ciudad de México a razón de quinientos setenta y siete pesos.

La imagen de la virgen de los Remedios solo medía una cuarta de alto y tenía un niño en el brazo izquierdo que medía «una sesma». Considerando el tamaño del lienzo guadalupano, y la diminuta imagen de la virgen de los Remedios, los insurgentes decían que los realistas tenían «poca virgen» para protegerse.

12

LAS CUATRO MUERTES
DEL PÍPILA

El 28 de septiembre de 1810, atardeciendo el día y desesperado porque no podía penetrar en el reducto realista de la Alhóndiga de Granaditas, desde donde los disparos del enemigo le habían causado al menos doscientos muertos, Miguel Hidalgo, general de la plebe, recogió el rumor de que un minero andaba por ahí diciendo que él podía tumbar el portón, y llamándolo, le dio carta blanca para el intento...

Una losa de cantera atada a la espalda, ocote y brea en las manos, y ahí fue el Pípila gateando hacia la puerta. Parece ser que otros lo imitaron. La puerta comenzó a arder. Al derrumbarse los sitiadores cargaron.

Así entró el Pípila a la historia de México, habiendo de abandonarla unas pocas horas después, para volver al anonimato del que había salido, mientras la plebe justiciera entraba a saco en la Alhóndiga.

Al paso de los años, los historiadores conservadores, encabezados por Lucas Alamán, se vengaron de la afrenta de la toma de Guanajuato borrando al Pípila de la historia, al reseñar que en el momento del ataque a la Alhóndiga, Hidalgo no pudo haberle pedido a nadie que incendiara la puerta porque se encontraba lejos de la zona de combates, y que «el nombre del Pípila es enteramente desconocido en Guanajuato»; de lo que concluían que la versión divulgada era falsa.

Total, que el Pípila quedó en duda. Un siglo más tarde, un ingrato libro de texto gratuito promovido por Salinas, que tenía la triste intención de congraciarnos con el Vaticano, los Estados Unidos y los restos del porfirismo, volvió a liquidar al Pípila. Cuando me quejé públicamente de tal asesinato ideológico, salió a terciar en el debate Enrique Krauze apoyando la versión de Alamán y diciendo que el Pípila era una figuración.

La cosa comenzó a apasionarme, ¿por qué tan encendidos fervores históricos para liquidar al minero insurgente?

Me puse a investigar y descubrí lo que cualquier interesado en héroes populares en este país con un poco de paciencia y tiempo para leer, podría descubrir: que en la narración de Pedro García (*Memoria sobre los primeros pasos de la independencia*), uno de los pocos protagonistas que ha dejado un material testimonial de primera importancia, hay constancia del minero incendiario de puertas, «hombre de pequeña estatura, raquítico y muy poseído de una enfermedad común en las minas, al que se da vulgarmente el nombre de *maduros*», y que en 1834, el coronel Antonio Onofre Molina, comandante de la escolta de Hidalgo durante los sucesos evocados, a petición de la viuda del interesado, extendió una constancia de haber tenido bajo sus órdenes «a Juan José Martínez, alías Pípila, hijo de Guanajuato mismo, quien por la brillante acción de haberse arrojado con una losa en las espaldas a poner fuego...», y que murió en combate poco tiempo después en el enfrentamiento del Magüey. Liceaga, historiador y testigo de los hechos; narra la historia del incendio de la Alhóndiga e identifica al Pípila como un tal Mariano, minero de Mellado que a diario pasaba por enfrente de la Alhóndiga rumbo a su trabajo desde el barrio del Terremoto.

Y por si esto fuera poco, siguiendo los datos de Amaro podemos decir que en su día de gloria vestía gabán de jerga y sombrero calañés.

Si ese Pípila no les gusta, el historiador guanajuatense Ezequiel Almanza reproduce un acta de nacimiento de la parroquia de San Miguel Allende del 6 de enero de 1782 de Juan José de los Reyes Martínez Amaro, y una de defunción en 1863, a los noventa y un años, donde coinciden padres aunque el nombre se concreta en Juan José Martínez.

Un segundo Pípila apareció al inicio del siglo XX cuando el erudito local Francisco de Paula Stephenson localizó en Guanajuato a las hijas de José María Barajas, que el imperio de Maximiliano y más tarde Juárez habían reconocido como herederas del Pípila. El asunto generó polémica abundante y aparecieron los testimonios de la viuda de Martínez, María Bretadillo, cuando hizo gestiones para obtener una pensión en 1834, y los de su nieta Francisca Martínez en 1882 pidiendo apoyo económico a la Cámara de Diputados.

En fin, parece muy claro, que el inexistente Pípila existió, aunque nunca han de quedar claras las palabras que intercambió con Hidalgo, si traía un bote de pólvora en la mano o no, si untó la puerta con aceite o con brea, o con qué se ató la losa a la espalda.

Que luego unos lo hayan llamado Mariano, otros le hayan añadido el apellido Reyes, otros le hayan floreado los parlamentos con el padre de la patria, otros le hayan dado pensión a su viuda con él vivito y coleando, que lo hayan hecho morir en el Magüey o sugieran que sobrevivó varios años, no altera el hecho y más bien forma parte del folclor con que ha estado rodeada la manufactura de nuestra historia.

Juan José Martínez, a pesar de haber sido asesinado por los realistas (en una versión), muerto de nuevo por los historiadores conservadores del XIX, eliminado por los autores del libro de texto y rematado por Enrique Krauze, posmoderno historiador, sigue por ahí buscando Alhóndigas para quemar.

13

BUSCÁNDOLE EL RABO AL DEMONIO

Reseña Luis Villoro, en un memorable ensayo, que después de la toma de Guanajuato por los insurgentes, andaban por las calles algunos indios de las huestes de Hidalgo bajándole los pantalones a los realistas muertos.

El sentido de tal investigación no era robar a los gachupines difuntos, sino averiguar si era cierto lo que se decía, que los defensores de Guanajuato eran demonios, porque solo los diablos podían querer defender tanto abuso e injusticia y maldad pura, y la cosa era comprobable porque deberían tener rabo.

Todavía estamos los mexicanos en esta danza macabra, buscando el rabo a los demonios y todavía es mucha nuestra decepción y desconcierto, al igual que la de los indígenas del ejército insurgente, al encontrarnos tantas nalgas rosadas sin rabo.

14

EL MONTE DE LAS CRUCES

Por la mañana llegó un inglés que dijo que sabía mucho de cañones y el cura le dijo que se hiciera cargo de la artillería, que al fin y al cabo no era gran cosa.

Luego mandó incautar un centenar de chivos y borregos y unas vacas y nueve mulas y le dio recibo al hacendado por ellos.

Era todo lo que el ejército tenía para comer. Eso, lo que cada cual llevaba y cuatro cargas de manzanas.

La plebe cantaba:

¿Quién al gachupín humilla?
Costilla.
¿Quién al pobrísimo defiende?
Allende.
¿Quién su libertad aclama?
Aldama.

Era un 30 de octubre y estaba en Tianguistenco. Frente al ejército del cura se abría el camino a la Ciudad de México, que descendía del valle de Toluca por el camino de Cuajimalpa. Durante los últimos días sus vanguardias habían estado chocando contra un ejército realista al que le habían ganado las posiciones obligándolo dos veces a replegarse. Ahora parecía que se iba a dar el combate.

Al frente de los gachupines venía un teniente coronel, Torcuato Trujillo, un militar que acababa de llegar a la Nueva España con el virrey Venegas. Convencido de que enfrentaba a una horda mal armada y confiando en la disciplina y poder de fuego de sus tropas, había cerrado el camino con un pequeño ejército de unos dos mil hombres con algunos cañones y cuatrocientos dragones de caballería, soldados profesionales españoles, entre los que estaba un capitán que sería famoso en los próximos años: Agustín de Iturbide. Se habían acodado en un recodo del camino, un lugar llamado el Monte de las Cruces, un bosque cerrado, con las piezas de artillería bien cubiertas. Recibieron en la mañana un pequeño refuerzo de trescientos criados de las haciendas de Gabriel del Yermo.

Entre los dirigentes de la bola había habido nuevas discrepancias: Allende quería dejar fuera del combate a los millares de indios armados con cuchillos, hondas, chuzos, garrotes, palos y piedras y usar a los tres mil soldados que habían desertado de los regimientos provinciales, que contaban con fusiles aunque mal municionados, para constituir con ellos la fuerza fundamental de ataque. A eso habrían de sumarse los varios miles de rancheros de a caballo armados con lanzas y machetes. El cura impuso su opinión de que se dejara combatir a los indios que suplirían su falta de organización, armamento y disciplina con las ganas.

Hacia las once comenzó el enfrentamiento cuando una columna de soldados insurgentes avanzó hacia el centro de la posición realista. El fuego bien organizado de los defensores hizo estragos. La artillería disparaba metralla, los indios se adelantaban y sufrían enormes estragos.

Allende perdió el caballo y perdería otro esa misma mañana; las balas lo buscaban pero no terminaban de encontrarlo. Ordenó a Jiménez que con un millar de indios tomara las alturas del bosque y los flanqueara. Vereda arriba se fueron cargando a lomos de hombre y con reatas un cañón. La cosa salió bien porque destruyeron uno de los cañones de los realistas aunque Trujillo cambió el orden de defensa y volvió a frenar el ataque. Repuestos los indios de Jiménez fueron buscando el cuerpo a cuerpo, y donde el rifle no podía, el cuchillo servía. Los mineros de Guanajuato traían dagas y tranchetes y si lograban acercarse serían temibles. Pero las balas y la artillería seguían frenándolos.

El cura mandó entonces una comisión a parlamentar pero luego de haberlos aceptado con un momentáneo alto el fuego, Trujillo dio instrucciones a su tropa de que les quitaran el estandarte guadalupano que llevaban y ordenó disparar a quemarropa.

Al caer la tarde y a pesar de las bajas, que eran muchas, el cerco se iba cerrando sobre la posición realista y Trujillo mal organizó la retirada perseguido por algunas caballerías insurgentes que se mezclaban con sus tropas convenciéndolos de desertar.

Al llegar a Cuajimalpa reorganizó sus fuerzas antes de salir volando hacia la Ciudad de México. Le quedaban cincuenta hombres.

Por la noche los insurgentes enterraban a sus cientos de muertos en el Monte de las Cruces.

15

HIDALGO NO ERA DOCTOR PERO SU CABEZA ALGO VALÍA

Con la insurrección en marcha, las instituciones se deslindaban velozmente del cura loco. La universidad enviaba una carta al virrey, pidiendo que la hiciera pública, en la que aclaraban que Miguel Hidalgo nunca había sido doctor por esa Universidad ni por la de Guadalajara, dijérase lo que se dijera.

El acto habría de ser comentado años después por Fray Servando quien decía que poco importaba porque «lejos de enseñarse nada, en la Universidad se va a perder el tiempo.»

Curiosamente la devaluada cabeza del cura sin título universitario habría de revaluarse, porque por esos mismos días el virrey le ponía precio y ofrecía diez mil pesos al que se la cortara.

16

¡NI SANTO GACHUPÍN!

En el camino hacia Toluca la horda es recibida con júbilo en Ixtlahuaca, donde el cura de Xocotitlán le muestra a Hidalgo los edictos de excomunión, del Abad y del Santo Oficio. Los curitas de pueblo que iban en la comitiva se encabronaron y los rompieron en pedazos mientras gritaban: «¡Échenme cuarenta de esos que aquí viene entre nosotros quien absuelve de las excomuniones del Santo Oficio!»

Y se corría el rumor de que el 2 de noviembre Hidalgo estaría en la Ciudad de México al frente del ejército, y la plebe ya tenía designado el itinerario: primero iría al Palacio Virreinal, luego a la catedral y luego a aclarar cuentas con el Santo Oficio.

Y se decía: «Ni inquisidor gachupín, ni arzobispo gachupín, ni virrey gachupín». Y ya se comenzaba a decir: «Ni rey gachupín». Y llegaban mucho más allá cuando proponían: «¡Ni santo gachupín!»

17

LA CONSPIRACIÓN DE LOS INSURGENTES APODADOS

El 2 de junio de 1811 en Antequera (Oaxaca) el comandante de la Séptima Brigada el ejército realista y el intendente José María Laso recibieron la visita de un misterioso personaje que pidió que se mantuviera en secreto su identidad, accediendo a lo cual registraron en la denuncia que les ofrecía la «supresión de su nombre y demás generales que corre por la vía reservada.»

El soplón les proporcionó la lista de un motín popular en gestación en la ciudad de Oaxaca que, según él, capitaneaban un cura de veintisiete años apellidado Ordoño, y el Arribeño, también sacerdote y llamado así porque acababa de llegar de Guatemala.

Participaban de manera destacada la gente de los barrios y el mercado encabezada por Gil

Saucedo, alias el Cabezón, del barrio de Los Alzados, dueño de una pulquería; Pablo Ramírez el Chilaques, barbero de dieciocho años del barrio del Peñasco (no confundir con el también conspirador José Vicente Ramírez, sastre, alias el Pelón Chiláquez); el Perro Carmona, curtidor; Hilario González, alias Challo, que levantaría el barrio del Carmen; y Rito Pensamiento, borreguero del barrio de Coyula. La cosa estaba grave porque además en el asunto participaban dos españoles como organizadores, Felipe Tinoco, empleado de Hacienda de veintidós años y José Mariano Sánchez, el Chato, que era suboficial de la guardia.

El plan consistía en alzar los barrios el día 8, asaltar el cuartel e ir hacia la cárcel y liberar a los presos.

En versión del denunciante, Rito Pensamiento andaba diciendo que además de las armas, en su barrio «tenían dos cuchillos cada uno». José Catarino Palacio, un español de veintiún años que los conspiradores habían reclutado en la cárcel, decía que se les daría a los léperos medio o un real para que jalaran. Ignacio Pombo, alias Pombito, ofrecía cien personas y Tinoco hablaba con la plebe y les contaba que se trataba de levantar Oaxaca contra los gachupines.

Liberadas las órdenes de aprehensión la conspiración fue desbaratada y solo se fugaron el Arribeño, que «parecía un fantasma», Chilaques y Rito Pensamiento, que se fueron muy capulinas por los cerros y las montañas para hacer la guerra por la libre.

18

LA INDECISIÓN

Las hogueras de un ejército de cien mil hombres y mujeres, la mayoría indios armados de palos, piedras, cuchillos de cocina, arcos y flechas, machetes mal afilados, hondas, arden en la noche en Cuajimalpa.

Se dice que su resplandor puede ser visto desde la Ciudad de México.

El ejército insurgente cena manzanas.

El pánico cunde en la ciudad. La capital de la Nueva España, de ciento cincuenta mil habitantes, se sabe condenada. No todos. En algunos barrios populares los pobres afilan los cuchillos.

Hidalgo envía a una comisión pidiendo la rendición. Luego se retira a soñar en vela cómo puede ser la terrible victoria.

El virrey, que ha recibido la petición enviada por Hidalgo, la rechaza y deposita su bastón de mando ante una imagen de la virgen en la catedral. Al día siguiente convence a su junta de jefes de que se retiren.

Casi doscientos años más tarde los historiadores seguimos discutiendo con don Miguel. No nos convence eso de que el ejército de Calleja se acercaba viajando a matacaballo desde San Luis Potosí, o lo de que no se contaba con artillería porque no se tenían municiones. Intuimos que tenía miedo al degüello, al saqueo, a la barbarie. No podemos saberlo.

Dejará incumplida su promesa de llegar al Zócalo, hacer suyo el Palacio Virreinal y luego irle a pedir cuentas al tribunal de la Santa Inquisición.

Lástima.

19

IMÁGENES

Parece ser que en vida Miguel Hidalgo nunca fue retratado. Ni siquiera en el breve lapso de su cruzada independiente se produjo un dibujo, un grabado. La única imagen tomada del personaje es una estatuilla del imaginero Terrazas, posiblemente realizada en Guadalajara, en la que aparece el personaje de una manera harto confusa, cuyos rasgos fisonómicos no son claros. El rostro se percibe como anguloso, la nariz prominente, está cubierto por un sombrero de copa y un amplio gabán.

Bustamante divulgó una litografía que luego reproduciría Lucas Alamán porque le resultaba parecido. No más que eso.

Los retratos verbales de varios personajes que lo conocieron parecen coincidir en que era de mediana estatura, cargado de espaldas, cabeza caída sobre el pecho. Todos ellos aseguran que parecía más viejo que sus cincuenta largos años. Todos coinciden en que era muy moreno. En lo que no hay acuerdo es en el color de los ojos. Alamán dice que tenía los ojos verdes y Baz, al igual que Zárate, dice que eran azules; y en el segundo retrato de Ramírez habría de tener ojos cafés. Un padre de la patria de ojos múltiples.

Y entonces uno se pregunta, ¿de dónde han salido tantas estampitas, dibujitos, estatuas, cuadros? Entre tanta mistificación no es lícito un sector que recree a un cura Hidalgo con pelo.

Es curioso y paradójico que la imagen clásica, la que habremos de heredar los mexicanos, haya de ser fabricada durante el imperio de Maximiliano. El emperador, urgido de darle a su corte prosapia republicana encargó a un pintor cortesano, Joaquín Ramírez, un copista que de vez en cuando pintaba grandes escenas bíblicas, la realización de un retrato de Hidalgo que habría de presidir uno de los salones de Chapultepec. Ramírez viajó a Dolores, supuestamente a interrogar a los que habían conocido a Hidalgo, pero esto sucedía cincuenta años después de la muerte del iniciador de la independencia; pocos testigos fiables debe haber encontrado. Ramírez hizo el primer retrato del que han salido la mayoría de las imágenes posteriores, y más tarde realizó un segundo en el que Hidalgo había envejecido y el color de sus ojos había cambiado nuevamente.

Paradoja de las paradojas. La imagen del hombre que rompió amarras con el imperio español se nos ha impuesto heredada por el otro imperio.

20

POR ANDAR DICIENDO VERDADES

Bárbara Rojas, alias la Griega, sirvienta en la casa del capitán realista Varela en la ciudad de Oaxaca, le dijo a su vecina Enriqueta un día de enero de 1811 que el cura Hidalgo no andaba haciendo mal a nadie, «solo a los gachupines». La vecina Enriqueta la denunció al deán de la catedral Antonio Ibáñez y este se fue con el chisme a la intendencia de Oaxaca. Por eso la Griega fue detenida y llevada a la cárcel de Las Recogidas y condenada a un año de trabajos forzados; y anda por los patios de la prisión diciendo que no solo Hidalgo no hace mal a nadie, sino que si viniera a Oaxaca, haría mucho bien.

21

EL PLEITO DE LOS IGNACIOS

Quizá porque ambos se llamaban Ignacio (uno de cuarto nombre, Miguel Gregorio Antonio Ignacio Hidalgo; el otro de primero, Ignacio de Jesús Pedro Regalado Allende) habrían de quererse mucho y luego dejarse de querer y luego medio quererse.

Uno nació en un ranchito, Cuitzeo de los Naranjos el 8 de mayo de 1753; el otro, en la población de San Miguel el 21 (o el 25) de enero 1769, dieciséis años de diferencia que habrían de contar porque en el momento de lanzarse a la guerra uno tenía cincuenta y siete años y el otro cuarenta y uno.

La historia oficial ha tratado cuidadosamente, ignorado cuando ha podido, eliminado de vez en cuando, las contradicciones entre las dos figuras mayores de la guerra de independencia: el cura y el soldado.

Allende es el que involucra a Hidalgo en la conspiración de manera tardía; este le dice que los que empiezan las revoluciones no viven para verlas. Duda. Asiste de incógnito a una reunión, no se convence.

No hay duda de que Allende fue el gran conspirador, que el movimiento de Querétaro tuvo una red enorme de simpatizantes, captó cientos de soldados virreinales, gracias a las labores previas del infatigable oficial de Dragones. No hay duda de que mientras Hidalgo en la primera fase de la conspiración se comprometía tibiamente, Allende ponía la carne en el asador. Tampoco hay duda de que el alzamiento se produjo en la noche del 15 de septiembre gracias a la voluntad del cura.

Allende e Hidalgo se enfrentaron muchas veces y mantuvieron, en aquellos meses que duró su cabalgata enloquecida, duras confrontaciones verbales y cartas reclamatorias. Es difícil marchar por estas historias siendo justo con ambos.

Las discrepancias hacen que se separen en octubre, tras las primeras derrotas. Se reúnen en Guadalajara y combaten juntos en Puente de Calderón. En Zacatecas, Allende le quitó el mando militar de la insurrección a Hidalgo.

Luego marcharon unidos y confrontados hacia el norte.

El inicio de la guerra de independencia los congregó; su muerte por fusilamiento los reuniría de nuevo.

22

EL VALOR DE LA PALABRA ESCRITA

Juan de Dios Romero era un cura, pero no un sacerdote común y corriente. Era hijo de oficial de la Corona y él, a su vez, capellán del ejército realista, y en esa condición siguió al ejército de Calleja hasta Aculco.

Y dio la afortunada casualidad que Juan de Dios se encontró de repente entre los papeles que Calleja había capturado unos escritos del tal Miguel Hidalgo, al que el enemigo aclamaba como general de la plebe; y Juan de Dios a fuerza de leer, dejó que las dudas se posesionaran de su firme convicción imperialista. Abrumado por las lecturas que lo estaban llevando hacia el demonio de la razón, el mejor de los demonios, hijo del pensamiento y la crítica, decidió consultar con su madre (no debería tenerle demasiada confianza al militar padre).

Su madre, de gracioso nombre, la señora Sora- villa, ni tarda ni perezosa fue a ver a Hidalgo, cruzando territorio en guerra (a estas alturas, también leyendo, ella se había vuelto adicta a la causa de la insurgencia) al que encontró po- siblemente en Guadalajara y le contó las penu- rias de su hijo.

Hidalgo, que no se andaba con chiquitas, extendió un nombramiento de brigadier pa- ra Juan de Dios y le dio la tarea de voltear las fuerzas de su padre, cosa en la que Romero ya andaba, seduciendo a los militares del Regi- miento de la Corona, hasta llegar a compro- meter a ochenta dragones. Pero Calleja los descubrió y los condenó a muerte. Cincuenta de ellos con Juan de Dios al frente pudieron es- capar a pie y se sumaron a las partidas de gue- rrilleros que actuaban en el Bajío.

Nada se sabe sobre el destino final de este nuevo insurgente. Pero sí se sabe que su madre fue encarcelada ocho meses en Valladolid por servir a la nueva causa.

Y se cuenta todo esto para los abundantes incrédulos que aún dudan del valor de la pala- bra escrita.

23

INSULTOS

Endurecida alma, escolástico sombrío, monstruo, taimado, corazón fementido, rencoroso, padre de gentes feroces, Cura Sila, entraña sin entrañas, villano, hipócrita refinado, tirano de tu tierra, señor septembrizador, pachá máximo, lo-cura, impudentísimo bachiller, caco, malo, malísimo, perversísimo, ignorantísimo bachiller Costilla, excelentísimo pícaro, homicida, execrable majadero, badulaque, borriquísimo, primogénito de Satanás, malditísimo ladrón, liberticida, insecto venenoso, energúmeno, archiloco americano.

Estos son algunos de los insultos, tan solo algunos, recogidos al azar de las páginas de la serie de cartas que se publicaban anónimamente en un periódico capitalino, el *Diario de México*, en 1810 bajo el título de «Cartas de un doctor mexicano al Br. D. Miguel Hidalgo Costilla, ex cura de Dolores, ex sacerdote de Cristo, ex cristiano, ex americano, ex hombre y generalísimo capataz de salteadores y asesinos.»

Su autor, se revelaría tras la muerte de Hidalgo al recopilarlas con su firma en un volumen, *El anti-Hidalgo*. Se trataba de un dominico aragonés, Fray Ramón Casaus, examinador del Tribunal de la Inquisición, que recibió como premio por su celo contra la insurgencia el arzobispado de Guatemala en 1812.

(Después de haber redactado esta nota descubro que la idea se le ocurrió a otros antes que a mí. Florencio Zamarripa, por ejemplo, en la página 73 de su *Anecdotario insurgente* rescata una lista doblemente más larga de insultos dirigidos a Hidalgo, producto de esta y otras fuentes.)

24

LOS COMANCHES

En Saltillo, cuando Hidalgo descansaba en su huida al norte tras la derrota de Calderón, se le presentaron al cura dos capitanes de presidios que venían con una tropa de indios a comerciar. Formaban un grupo singular. Venían de las fronteras de una sociedad ya de por sí fronteriza y eran cerca de una veintena; los dirigía el capitán Menchaca y otro al que le decían el Colorado, por quién sabe qué razones, aunque tenía la cara muy roja, a lo mejor del alcohol o a lo mejor del sol; y si esa razón no les gusta, atribuyámoslo a que portaba un chaleco escarlata y brillante. Los indios eran comanches, de gran estatura y musculatura, vestidos con pieles de cíbolo. Venían todos ellos en caballos mesteños y estaban armados con arco, flecha y lanza.

El cura los recibió en las afueras de su alojamiento y tras intercambiar regalos, haciendo uso de los intérpretes, les dijo que venía del interior del país de hacerle la guerra a los españoles y había sufrido unos descalabros. Y lo dijo tranquilo, como si unas cuantas derrotas le sirvieran para limpiarse los dientes. Pero que iba a seguir con esto de la guerra contra aquellos que les habían robado el país a los naturales con tiranía y crueldades y haciendo uso de la esclavitud. Que era la hora de la venganza y de la justicia.

Ya para estas alturas el cura lo tenía claro, la independencia era también una guerra de castas. Una guerra social, para cambiar el orden de las cosas, lo que sobre todo significa cambiar el orden de la propiedad.

Sea porque la cosa les parecía razonable o porque les caía simpático el viejo sacerdote o porque su fama lo había precedido, los comanches se calentaron con el discurso y le prometieron al cura, del que ya habían oído hablar, que reunirían a sus tribus y los vería en Béjar, que sería el punto de encuentro del próximo ejército insurgente del norte.

El cura moriría antes de cumplir su cita.

La historia, que nomás sigue a los próceres

y a los padres de la patria y suele olvidar a los más marginales hijos de esa misma patria, no cuenta si los comanches llegaron a Béjar a esperarlo en vano.

25

LAS BALAS QUE NO DABAN
EN EL BLANCO

El preso se encontraba en el cuartito número 1 del hospital. Cuando al amanecer le llevaron el chocolate de desayuno se quejó de
la cantidad de leche que le daban. «No porque me vayan a matar tienen que reducirme
la ración». El redoble de los tambores señaló
el inicio de la ejecución. Un millar de soldados cubría el exterior desplegado en la Plaza
de los Ejercicios. En el interior hacían guardia
otros doscientos. La población no había salido a las calles. Las campanas de las iglesias re-
picaban.

Lo condujeron hasta el corral del hospital.
Repartió unos dulces entre los soldados que
lo iban a fusilar. Caminó solo hasta el ban-
quillo que había en el patio. Ahí se produjo
un altercado porque querían hacerlo sentarse

de espaldas al pelotón de fusilamiento. Logró convencerlos de que lo mataran de frente.

Lo ataron a un palo una vez sentado en el banquito y lo vendaron. Colocó la mano derecha sobre el corazón como le había advertido a los soldados que haría para que no fallaran la puntería. Situados de a cuatro en fondo, los doce soldados del pelotón de fusilamiento recibieron la orden de fuego. La primera cuarteta, a tan solo cuatro pasos del hombre, hizo fuego. Fallaron todos, produciendo tan solo unas heridas en el estómago, la venda se ladeó y el hombre se les quedó mirando. El oficial a cargo, un tal Armendáriz, ordenó a la segunda fila que disparara. Le destrozaron el estómago. El oficial recordaba años más tarde que «los soldados temblaban como unos azogados». Tenían orden de disparar al corazón, pero también tenían miedo. La tercera fila no hizo blanco. El teniente, desesperado, ordenó a dos soldados que dispararan poniendo la boca de los fusiles sobre el corazón.

Así murió Miguel Hidalgo en la ciudad de Chihuahua.

Más tarde llevaron el cadáver a la plaza, aún sentado en el banquito, para que a todo el mundo le quedara constancia de que lo habían fusilado, que no iba a retornar de entre los muertos. Mil soldados custodiaban la plaza.

Luego le cortaron la cabeza con un machete curvo y la salaron. El cadáver se enterró en un sitio desconocido en las cercanías.

Ese día hubo una misa y un cura apellidado García pronunció un sermón «de escarmiento». Fue un sermón duro, condenando a Miguel y su reto al Imperio. El cura García murió de un cólico en el hígado días más tarde.

LAS CABEZAS

Por orden del general brigadier Calleja y para hacer escarmiento, las cabezas de los fusilados en Chihuahua fueron transportadas a Guanajuato.

Un herrero de nombre Modesto Pérez fue el encargado de manufacturar cuatro jaulas de hierro que con las cabezas de Miguel Hidalgo, Ignacio Allende, Juan Aldama y Mariano Jiménez serían instaladas como adorno en las cuatro esquinas de la Alhóndiga. Símbolo contra símbolo.

Un letrero que decía que las cabezas pertenecían a «insignes facinerosos y primeros caudillos de la revolución», acompañaba la macabra ofrenda.

En esas estaba el verdugo, metiendo en su jaulita la cabeza de Allende, cuando un gachupín llegó clamando venganza y se dedicó a patear la jaula de barrotes de hierro en la que estaba la cabeza de Hidalgo, haciéndola rodar por los adoquines. Luego, muy ufano, se trepó a su caballo y se lanzó cuesta arriba, pero el animal excitado no respondió al freno y lanzó a su jinete al suelo, donde el gachupín se rompió la pata izquierda.

Una anciana sabia dijo en voz muy alta, para que todo el mundo la oyera: «Dios castiga sin palo ni piedra.»

La bola de insurgentes enmascarados, que siempre hay por todos lados, se limitaron a darle sonrisas y zanahorias al caballo.

El verdugo colgó las jaulas con las cabezas, pero sin mayores irreverencias, no fuera a ser la de malas. Ahí se acabaron de pudrir al sol descarnándose. El trofeo de la contrarrevolución permaneció en la plaza durante diez años.

Todavía en Guanajuato me he encontrado personas que me cuentan que en las noches sin luna, los ojos de Hidalgo siguen mirando a los paseantes que cruzan la plaza de la Alhóndiga.

EL MEJOR EPITAFIO
PARA HIDALGO

Ignacio Ramírez lo hace mucho mejor de lo
que yo podría hacerlo, y lo cuenta en una tarde
de otoño en Mazatlán, en medio de la guerra
contra el imperio francés en 1863:

México era la Nueva España; las danzas del
andaluz, las fiestas idolátricas de las aldeas
de Castilla, los ridículos trajes de la corte, la literatura de Góngora, dominando
el púlpito y el foro […] Para ir a los cielos
se pasaba por España. Y en medio de estas
costumbres, de estas preocupaciones de estas leyes, de esa religión, de esta atmósfera.
Un cura. Un anciano sobreponiéndose a su
profesión, a su edad, a sus recuerdos, a sus
esperanzas, a sus parientes, a sus amigos, a
su rey, a su Dios, a sí mismo, se propone

trastornar la mitad del mundo, pronuncia la palabra mágica y deshace el encanto de tres siglos [...] Cuando pone la tea en la mano del indígena no ignora que van a desaparecer entre las alas y bajo los pasos del humo, del fuego, la casa de sus padres y la cosecha de sus amigos.

28

HIJOS

Cuando fue detenido en la Noria de Baján el grupo que encabezaba Miguel Hidalgo estaba formado por veintinueve civiles y militares y doce curas. No es casual una composición como esa. A lo largo de toda la guerra de independencia que entonces se iniciaba, el clero llano participó activamente del lado de los insurgentes.

Para el lector actual muchos son los motivos de sorpresa cuando se aproxima a los inicios del siglo XIX. Entre ellos, la cantidad de sacerdotes que había en la sociedad novohispana (cerca de veinte mil dirá Víctor Orozco) y cómo el movimiento insurgente cortaba en dos cual cuchillo afilado al gremio.

El nefasto Lucas Alamán ofrece una explicación: «Los eclesiásticos que se alistaron bajo las banderas de la insurrección, solían ser los más corrompidos del lugar». Parece ser poco certera. Más bien, curas sin mucha vocación religiosa que habían entrado al sacerdocio, en una sociedad sin posibilidades de ascenso, para acceder a la educación. Y es cierto, tenían muchos y muy irregulares hijos.

La vida sexual de los padres de la patria, al menos del primer grupo de cuadros que iniciaron el proceso de la independencia, era en el mejor de los casos, poco controlada.

Hidalgo tenía dos hijas, Josefa y Micaela, con Josefa Quintana, la improvisada actriz de *El Tartufo*, que nacieron en San Felipe; y otros dos: Agustina y Lino Mariano, hijos de Manuela Ramos Pichardo, nacidos en Valladolid, de la que se separó cuando el confesor de su esposa la presionó porque «vivía en pecado» y la convenció de que entrara en un convento mientras el cura se iba para Colima.

De Hidalgo se decía, a principios de 1790, que frecuentaba bailes y tenía el «trato torpe con mujeres.»

Morelos tuvo tres hijos, el más conocido fue Juan Nepomuceno Almonte, de triste memoria; y al que se sumaron José y Guadalupe.

Matamoros tenía un hijo llamado Apolonio; con él se presentó al inicio de la insurrección suriana.

Hasta Allende, sin ser sacerdote, andaba regando prole por el mundo. Había tenido en su juventud un hijo nacido en 1791, Indalecio, con Antonia Herrera con la que no se casó. Indaleció moriría en Acatita de Baján. Años más tarde Allende tendrá un segundo hijo, Guadalupe, con Guadalupe Malo, una señorita a la que había salvado de unos bandoleros.

LAS AMOTINADAS
DE MIAHUATLÁN

A media noche del 2 de octubre de 1811, y bajo la luz de la luna, se reunieron ante el cuartel de Miahuatlán un centenar de mujeres provocando el desconcierto de los soldados. Al rato llegaron otras tres cargando varios garrotes, lo que hizo que el soldado José Pino, que se encontraba de guardia, fuera a avisarle a su teniente; pero ya para entonces las mujeres avanzaban sobre el cuartel con ánimo de bronca.

El teniente Lanza ordenó que mataran a las primeras que intentaran entrar y repartió lanzas a los soldados, pero muchos de estos se quedaron inmóviles y las mujeres cargaron rompiendo el sable en tres pedazos de uno que intentó resistirse; y «armando gran algazara» entraron en el cuartel apaleando soldados y dispersando a los más, rompiéndole la cabeza al cabo Hermenegildo.

Las mujeres traían también machetes y cuchillos y amenazaron con usarlos contra los oficiales, no contra los soldados, que muchos eran sus maridos y que no querían hacer guerra a los insurgentes. Pero no hizo falta porque oficiales y clases salieron huyendo.

En la causa establecida para aclarar las razones del motín y juzgar a las cabecillas Pioquinta Bustamante, Romana Jarquín y Mónica la de San Ildefonso, se dijo como argumento inculpatorio y no fue desmentido, que las mujeres habían estado echándose unos tragos antes en la plaza, para reunir valor.

30

FALTA DE SERIEDAD

El policía español Julián Roldán, quien tenía el pomposo título de receptor de la Sala del Crimen y auxiliar de la Junta de Seguridad y Buen Orden Público, informaba a sus superiores que había muchos insurgentes en la capital de México y que él, que conoce bien a la plebe por razones laborales, que la tiene «conocida y manejada» y que desde que empezó la insurrección ha estado deteniendo a mansalva porque ya lleva más de tres mil enjuiciados, algunos de ellos más de una vez, ahora, en diciembre de 1812, se está topando con que no puede entrar en la cabeza de los que envían correspondencia a los insurgentes porque con las claves que usan no se entera. Ellos se firman y se llaman a sí mismos el señor «Don Número Uno» y el «Número Doce» y así, y mientras no se comporten normalmente y firmen su correspondencia como debe de ser no hay manera de encontrarlos, aunque se sabe que forman parte de una sociedad secreta llamada «Los Guadalupes.»

31

EL AQUILES CONTRA
EL MAHOMA

Félix María Calleja usaba el bicornio ladeado como un acto de coquetería y la guerrera recamada en oro abierta para mostrar la camisa de seda. Tenía un escudo que le había dado el virrey que lucía un perro y un león, símbolos de la tenacidad y el valor, con el lema «Venció en Aculco, Guanajuato y Calderón». Era la carta fuerte del imperio español contra Morelos y los insurgentes.

Salió de la Ciudad de México entre arcos de triunfo con ramas y flores y fue despedido por periódicos que lo aclamaban como «el Aquiles de España», a la conquista de la Troya de los bárbaros. Lo acompañaban cerca de cinco mil hombres, entre ellos batallones de soldados fogueados recién llegados de España y una potente artillería.

José María Teclo, apellidado Morelos, su oponente, era hijo de españoles muy pobres (aunque por ahí corren rumores de que era mestizo y más de uno le adjudica sangre negra). Campesino y arriero, luego cura. Había levantado el sur tras un breve encuentro con Hidalgo y tras una serie de victorias decidió esperar a los realistas en Cuautla.

¿Por qué Cuautla? ¿Qué peor lugar para dar una batalla a la defensiva? El pueblo, entrada de la tierra caliente, una pequeña meseta, situado sobre tierras bajas, con una sola calle con casas y dos iglesias, que no medía más de media legua de norte a sur y un cuarto de este a oeste, entre árboles y platanares.

El 9 de febrero de 1812 llegaron las tropas insurgentes. Bravo los había precedido con la orden de iniciar las fortificaciones.

Morelos encabezaba mil infantes y dos mil jinetes de las brigadas de Galeana (con los negros cimarrones de la sierra), los Bravo (cuyo contingente estaba formado mayoritariamente por nativos de Chilpancingo, artesanos y campesinos) y Matamoros (con los pintos del Mezcala, una temible fuerza de rancheros, arrieros, pequeños comerciantes y campesinos armados de machete y lanza). Venían también dieciséis piezas de artillería, ganado y comida, y poco después llegaron ocho arrobas y cuatro libras de cobre de las haciendas de Cocoyoc y San José para hacer balas.

Traían, según algunos, ochocientas escopetas y trabucos; otro dirá que dos mil, pero la fuerza mayor eran las hondas de los indios. Por eso Morelos ordenó llenar de piedras las azoteas, perforó los muros de las iglesias para hacer aspilleras y ordenó que se cavaran trincheras y se llenaran los aljibes de agua.

La batalla habría de durar tres meses y para muchos de sus estudiosos habría de ser el acontecimiento militar más importante de la guerra de independencia. Siéndolo o sin serlo, hasta Wellington, el ejecutor de Napoléon, la comentó.

El duelo entre los dos personajes y sus hombres hizo que Teja Zabre comentara muchos años después: «No era Calleja, como lo creía él mismo, un gran militar [...] su energía era menor que su crueldad feroz; su constancia igualaba a su lentitud [...] es frente a Morelos en el arte de la guerra lo que un artesano lento y tosco frente al artista de concepciones rápidas.»

El 19 de febrero, Calleja optó por el ataque frontal y fracasó dejando doscientos muertos frente a las trincheras, entre ellos dos de sus coroneles, después de seis horas de combate y habiendo entrado hasta la mitad del pueblo. Luego dijo que aquello no daba para más de un cerco de seis a ocho días.

Pero era un cerco en el que se combatía a diario. Morelos optó por «picar la retaguardia» de Calleja, para debilitar a los cercadores, y no descartaba el contraataque. Al inicio de marzo hizo salir a la caballería para que incursionara en la retaguardia de Calleja. Su estrategia era cercar al cercador.

Y le decía a las otras fuerzas insurgentes el siete de marzo: «A fuerza de fuerzas» no nos sacan de aquí «ni todo el poder de Venegas». Y pedía que le cortaran los suministros a Calleja en Chalco. Tres días después se inició un bombardeo de la población que duró cuatro días y sus noches. Inútil. Calleja pidió a la Ciudad de México cañones de alto calibre, pero cuando se los traían desde Perote, Osorno se los capturó en los llanos de Apam.

El 11 de marzo, la batalla de artillería se transformó en la batalla por controlar las fuentes de agua. La escasez en el interior de la plaza se suple con pozos.

Morelos reporta que se podría hacer una

«horrorosa retirada» pero que Calleja («el dragón infernal») estaba acobardado por el «chirrionazo» y que se podía sacar partido de la situación. Por esos mismos días Calleja le informa al virrey: «Es necesario sumergir a Cuautla y a sus obstinados defensores en el centro del abismo.»

El 5 de abril Morelos ataca la batería del Calvario con éxito y les tumba a los gachupines galletas y cigarros.

Cuando se van a cumplir dos meses de sitio y de diarios combates, el clima estaba haciendo estragos en los españoles. Calleja se quejaba el 11 de abril al virrey de un «ataque bilioso» que sufría y pedía relevo, pero reconocía que levantar el sitio de Cuautla era soltar el dique de la insurrección.

No le iba mejor a Morelos, que no había podido hacer que las partidas en el exterior de Bravo y Tapia pasaran ni un grano de maíz al interior de la ciudad sitiada. En Cuautla un gato valía seis pesos, una iguana veinte; se han comido las lagartijas, y comienzan a hervir cueros para hacer caldo.

Morelos organiza fiestas en las primeras líneas de defensa, jaranas y bailes, y cada vez que un cañonazo realista falla el blanco, los insurgentes sueltan un alarido de júbilo y pachanga. Alrededor de las hogueras los sitiados cantan:

Por un cabo doy dos reales,
por un sargento un doblón
y por mi general Morelos,
doy todo mi corazón.

El 21 de abril, en una operación magistral, Mariano Matamoros rompe el cerco y coloca a espaldas de los sitiadores a su partida de caballería, a lo largo de los siguientes días trata de meter un convoy de víveres a Cuautla, pero fracasa.

Calleja, desesperado, le escribe al virrey: «Este clérigo es un segundo Mahoma, que promete la resurrección temporal y después el paraíso con el goce de todas sus pasiones a sus felices musulmanes.»

Morelos no prometía nada, pero dentro de Cuautla, el hambre y las alucinaciones comienzan a hacer estragos en el sentido común. El cura tenía a su hijo, Juan Nepomuceno, de incógnito en la ciudad sitiada, que con otro grupo de muchachos andaba haciendo la guerra a los españoles. Se decía que el muchacho era adivino, obraba milagros y curaba enfermedades. Se decía que resucitaba muertos a los tres días.

El 28 de abril comienza a prepararse la ruptura del sitio. Dos días después Calleja sigue quejándose de su salud, se acerca la temporada de lluvias, peligrosa para los sitiadores, en «este infernal país» y sintiendo que puede verse obligado a levantar el cerco y perder la campaña le ofrece a Morelos el indulto, a lo que el general insurgente contesta: «Concedo igual gracia a Calleja y a los suyos.»

Pero los cercados ya no pueden resistir el hambre y en la noche del 2 de mayo se produce la ruptura del cerco. Cuando las columnas comienzan a abandonar Cuautla con Galeana en la vanguardia son descubiertos por la caballería realista que hace estragos entre los civiles que acompañan a los sitiados; Morelos en la huida cae con su caballo en una zanja y queda con dos costillas rotas.

La ciudad abandonada es tomada por los realistas que se ensañan con heridos y enfermos.

En la Ciudad de México se burlan de Calleja:

—*Aquí está el turbante del moro que cautivé.*
—*¿Y el moro?*
—*Ese, se fue.*

32

EL PASO DEL CABALLO
DE MORELOS

Morelos tenía fama de irresponsable entre sus lugartenientes, que constantemente debían andarse preocupando de que al generalísimo no se le ocurriera alguna locura. Tan es así que constantemente se veía obligado a estarles dando a los Bravo, Galeana y Matamoros seguridades de que no iría más allá de cierto punto en sus personales exploraciones.

Cuenta Teja Zabre que enfrentado a Calleja en Cuautla hizo varias salidas para contemplar con su catalejo las vanguardias del enemigo. En una de ellas quedó atrapado por un escuadrón de caballería de los realistas que hicieron huir a la mayor parte de la escolta. Galeana, que se lo esperaba y se mantenía en reserva ante la iglesia con un escuadrón de dragones a caballo, ni tardo ni perezoso se lanzó al galope y con ellos rompió el cerco y rescató a Morelos.

Cuando se retiraban buscando el amparo de las fortificaciones de Cuautla, Galeana urgía a su general:

— Señor, vamos deprisa, a otro paso.

Y Morelos socarrón le contestaba:

— Es que mi caballo no tiene otro paso.

33

LA MUJER QUE SE
LEVANTABA LAS FALDAS

En el sitio de Cuautla, Morelos, necesitado de obligar a los realistas cercadores a gastar parque, porque le habían bloqueado sus rutas de abasto, y tratando de debilitarlos antes de que se iniciara el asalto, pedía voluntarios para que se acercaran a las trincheras enemigas y provocaran las salvas. Oficio por demás peligroso el «ir a que te tiren.»

Estaba de moda hacer «santiaguitos», que consistían en acercarse a las filas enemigas, enlazar a un realista y arrastrarlo hasta las propias. Pero no era la única acción.

Entre los voluntarios estaba María Reyes, una mujer que se acercaba a los reductos de los gachupines y se alzaba las faldas mostrándoles las nalgas y provocando el tiroteo.

Por esas razones y en los tiempos de derrota fue juzgada por la Inquisición y encarcelada durante cinco años.

EL NIÑO

Se trataba de un pequeño cañón comprado por Juan Galeana a unos náufragos y usado para lanzar salvas en las fiestas religiosas y cívicas del pueblo de Tecpan y hasta en las bodas y los bautizos.

Lo llamaron el Niño porque su tronar no daba para mucho; el rugido de un niño, se decía.

Con esa pieza artillera se combatió en el Veladero y en Cuautla y su primer y único artillero fue un insurgente del cual solo se conserva el apellido, Clara, y que era negro, el Negro Clara, pues.

Terminó cayendo en manos del capitán realista Anastasio Bustamante, cuando Morelos, general en retirada, lo dejó abandonado una tarde de mayo de 1812 en Ocuituco.

Muy claro queda lo mal armados que andaban los insurgentes cuando por un pinche cañoncito como este se ha hecho un hueco en la historia nacional.

35

MORELOS NOS HABLA AL OÍDO

La soberanía dimana inmediatamente del pueblo, el que sólo quiere depositarla en sus representantes [...] que deben ser sujetos sabios y de probidad [...] Que la patria no será del todo libre y nuestra mientras no se reforme al gobierno, abatiendo al tiránico [...] que la esclavitud se proscriba para siempre, y lo mismo la distinción de castas quedando todos iguales y sólo distinguirá a un americano de otro el vicio y la virtud [...] que se quiten la infinidad de tributos.

De una copia de *Los sentimientos de la nación.*

36

EL PURO, LAS BRIDAS
Y LA PELUQUERÍA
(TRES DE MATAMOROS)

EL PURO

Mariano Matamoros es un personaje al que le tengo particular cariño, quizá porque era conocido como la mano izquierda de Morelos. Cura de Jatetelco, perseguido por sus opiniones políticas y sociales, salvó la vida escondiéndose y apareció en el campamento de Morelos, con su hijo Lino Mariano (historia de curas con hijos esta de la independencia) el 16 de diciembre de 1811 y se ofreció para decir misas o dar sablazos, indistintamente.

Tenía casi cuarenta y cinco años aquel ciudadano chaparrito y delgado, güero deslavado con barbita y picado de viruelas, con un ojo que se le iba, obligándolo a inclinar la cabeza al hablar, con una voz sorprendentemente potente y hueca.

Visitando el museo de Cuautla, me detuve largos minutos ante su silla de montar, uno de los vigilantes acudió a disipar mi duda.

—¿Sabe para que sirve el hoyito a la derecha de la silla?

Sin esperar respuesta me contó:

—Para dejar el cigarro parado cuando cargaba. Necesitaba las dos manos libres, una para la rienda y otra para el machete, y no era cosa de dejárselo en la boca porque le nublaba la vista y le lloraban los ojos, y menos de aventarlo.

Tanta precisión me dejó sorprendido. Yo mismo fumador empedernido, tengo a mucho aprecio este tipo de chapuzas.

Parece ser que la anécdota es cierta porque otras fuentes cuentan que llegó a hacer un agujero en la silla del confesionario para clavar ahí el puro mientras escuchaba a beatas y corneadores y poder recuperarlo más tarde.

LAS BRIDAS

Para romper el cerco de Cuautla y buscar víveres, de los que los insurgentes estaban muy escasos, los surianos que acaudillaba Mariano Matamoros cargaron siete veces infructuosamente.

Desesperado en aquella terca derrota les dijo a sus soldados que se comieran el cuero de las bridas, hicieran fuerza y luego volvieran a intentarlo.

A la primera parte no le hicieron caso, a la segunda sí, y lo lograron.

LA PELUQUERÍA

Interrogado el general insurgente de las huestes de Morelos por los que iban a fusilarlo, el cura Mariano Matamoros, recién capturado pero muy digno, respondió a todas las preguntas sobre qué había hecho con el oro y la plata que los insurgentes habían capturado en Oaxaca, los cargamentos de tabaco, los caballos, los arcones de monedas…

Y ante tanta insistencia se indignó: «¿Todavía no se había entendido que la revolución se hacía por honra y no por beneficio?» Y se tomó la molestia de explicarles a sus inquisidores que todo lo capturado iba a la tesorería del ejército insurgente, y que él nada poseía; pues unos caballos que tenía los usó Bravo para asuntos de guerra, y unos cofres con asuntos personales por ahí los perdió en un combate, y que los cigarros que fumaba se los daba la tesorería y que por no tener nada, hasta sus cortes de pelo y afeitadas le pagaba la revolución, y hablando de esto insistió que dado que estaba preso, ahora ellos se hicieran cargo de tal gasto antes de fusilarlo, porque quería morir bien rasurado.

Y así le cumplieron y así lo fusilaron.

37

LOS ENCUERADOS

Hermenegildo Galeana siempre se hizo acompañar en labores de guerra de una escolta de un centenar de negros de la Costa Chica guerrerense, que por mejor armamento usaban un machete de regular tamaño, el mismo que se usa en las plantaciones de azúcar de la región.

Estaba Galeana y sus huestes un día en la hacienda de los Bravo tratando de organizar futuros planes (Villaseñor dirá que el lugar se llamaba Chichihualco y Esperón dirá que estaba cerca de la cueva de Michipa), cuando aparecieron las tropas del gachupín don Isidro Garrote para reprimirlo.

Dio la casualidad de que la carga de los dragones realistas se produjo mientras Galeana y sus negros se estaban bañando en el río. Sin guardias y sin reservas, y para dar tiempo a que se reorganizaran los hermanos Bravo en la hacienda, Hermenegildo gritó: «Ahora o nunca», y se puso en pie desnudo en mitad del río imitándolo sus compañeros, que tenían la sabia costumbre de no dejar el machete ni cuando estaban encuerados bañándose, teniéndolo clavado en la arena cerca de los bajos donde se solazaban.

El brigadier Garrote quedó desconcertado al ver cómo avanzaban sobre sus tropas un centenar de negros encuerados armados con tremendo machetón, aullando y echando agua por todos lados.

El susto fue suficiente para dar tiempo a que los Bravo se reorganizaran y pronto intervinieron en la refriega cañones y hombres de caballería.

Los realistas se desbandaron y Galeana y sus negros los persiguieron, encuerados aún, durante tres leguas.

Todavía, y han pasado muchos años, muchos para una memoria popular que nunca olvida, se sigue diciendo en Guerrero con malicia y buen humor que a los de Garrote les espantó el ídem y no tanto el machete suriano desenvainado.

38

DICEN QUE DIJO

Estaba José Miguel Ramón Adaucto Fernández y Félix, que había optado por el más económico nombre de Guadalupe Victoria, al
mando de uno de los cuerpos insurgentes que
atacaban bajo las órdenes de Morelos la ciudad de Oaxaca, cuando el 25 de noviembre de
1812 comenzaron a oírse en medio del caño-
neo las campanas de las iglesias de Santo Domingo y el Carmen, señal anunciada de que
por aquella zona los insurgentes habían entrado a la ciudad.

Guadalupe Victoria, desesperado porque
en el frente en el que combatía un foso y varias fortificaciones realistas con cañones le im-
pedían el paso a sus dragones, se acercó lo más
que pudo a riesgo de que le volaran la cabeza, y no encontrando resquicio ni argucia di-

cen que gritó: «¡Va mi espada en prenda, voy por ella!»

Si lo dijo, nomás lo habrán oído él y su alma, porque entre el estruendo de las artillerías, la fusilería insurgente, el repique de campanas de Santo Domingo y el Carmen y la distancia, nadie lo podía escuchar.

Pero lo que todos vieron es que Guadalupe Victoria, en un acto de locura, les aventaba la espada a los gachupines y con las manos desnudas, se soltaba corriendo hacia los reductos.

Y como esta era guerra de locos y no de cuerdos, de pobres contra ricos, de iluminados contra inquisidores, de alegres contra oscuros, de genialidad suicida y no riesgo calculado, y también pensando que no era cosa de dejarlo solo, los dragones jarochos se lanzaron tras él hacia la gloria, la victoria, la nada, o la historia.

39

LOS PERROS INSURGENTES

Estaba Nicolás Bravo dándole la lata a los españoles en Veracruz, y tras haber tomado Jalapa y convertido en un desastre las redes comerciales de los gachupines, tuvo que replegarse a San Juan Coscomatepec. Allí decidió fortificarse. Calleja le envió todo lo que tenía porque había aprendido, después del sitio de Cuautla, que le había costado muy caro y que no podía permitir que los insurgentes se hicieran fuertes en un punto, los prefería como bandas errantes.

Sobre Bravo se fue el batallón de Asturias y otros contingentes de hasta mil hombres y cuatro cañones y el 5 de septiembre de 1813 comenzaron el sitio.

Bravo resistió varios asaltos y el 4 de octubre cuando iba a cumplirse el mes del sitio destruyó sus cañones, enterró los cañoncitos y decidió hacer una salida con todo y los civiles que vivían en la población, que pensaban con buen tino que si los realistas entraban lo iban a hacer a degüello.

Para simular mejor organizó a los perros de la población insurgente y los ató a las cuerdas de las campanas de la iglesia, de tal manera que el repique se mantuvo mientras ellos se deslizaban por la vera del río.

Cuando se descubrió el truco ya estaban bastante lejos, hasta Ocotlán, y los realistas se desquitaron arrasando el pueblo y fusilando las imágenes de los santos en la iglesia. ¿Pensarían que ellos tocaban las campanas?

Las crónicas no dan razón del destino de los perros insurgentes.

40

LA MUERTE DE HERMENEGILDO

Hay biografías que no tienen antes ni después. Lo que sucede sucedió. Hasta su biógrafo Alvear reconoce que Hermenegildo Galeana no tiene historia previa: «Su infancia y juventud no ofrecieron pormenores de importancia», dice liberándose elegantemente del asunto.

Nació en Tecpan, descendiente de un náufrago inglés, o irlandés, o escocés, tanto da, apellidado Gallier; y de él habrían de obtener sus descendientes la versión españolizada de su apellido: Galeana. Se dice que cuando los británicos vinieron a buscar al náufrago y a sus amigos, este los mandó al diablo porque se había emparejado con las locales y le gustaba lo del cultivo de algodón.

Ni siquiera se sabe a ciencia cierta su fecha de nacimiento, aunque se dice que fue el 13 de abril de 1762.

Ranchero acomodado, sembrador de algodón, casado y viudo a los seis meses con una mujer que le dejó herida tan profunda que nunca se volvió a matrimoniar. Se desconocen sus motivaciones para unirse al principio a Morelos, pero fue de los primeros y sin condiciones, y no llegó solo, lo acompañaban su hermano Antonio, su tío Juan José y su primo Pablo.

Cuando se presentó ante Morelos, no era un joven, casi tenía cincuenta años, y le dijo: «Solo traigo mi brazo». Y Morelos le respondió: «Para qué quiero más.»

Valiente hasta la locura, terror de sus enemigos cuando dirigía las cargas al machete, incapaz de actos de crueldad, después del combate nunca fusiló prisioneros, Galeana se hizo de una amplia fama.

Si la historia de sus orígenes ha quedado en las sombras, la de su muerte ha sido recogida con todo detalle por Villaseñor que cuenta que en las cercanías de Coyuca se enfrentó a fuerzas enemigas superiores en número y parapetado tras unas parotas los tuvo a raya acompañado de José María Ávila hasta que sus tropas comenzaron a flaquear. Huía caballo perseguido por la partida realista de Oliva cuando, por culpa de su caballo que acostumbraba dar brincos, lo hizo estrellarse contra una rama baja que lo desarzonó, dejándolo en el suelo con la cara sangrando.

Catorce jinetes enemigos lo rodearon sin atreverse a entrarle, porque así era de fuerte la fama de Galeana. De repente el soldado Joaquín León le disparó un tiro desde su caballo que le atravesó el pecho. Todavía Galeana trató de sacar la espada, pero los dragones realistas cayeron sobre él y le cortaron la cabeza, que llevaron a la plaza de Coyuca donde fue mostrada clavada en un palo.

Un par de sus soldados enterraron el cuerpo descabezado, pero siendo más tarde fusilados, nunca pudieron dar razón a sus amigos de dónde lo habían hecho, y la cabeza desapareció tiempo después. Los restos de Galeana así se desvanecieron en la nada, en la historia.

Cuando en 1814 Galeana cayó en Coyuca y habiéndose producido poco antes la muerte de Matamoros, Morelos pronunció el mejor epitafio cuando dijo: «Acabáronse mis brazos, ya no soy nada.»

41

LA TERQUEDAD DEL ATOLERO

Después de la derrota de la segunda oleada insurgente, la de Morelos en el sur, la independencia parecía alejarse y poco le quedaba a la causa más allá de la persistencia y la terquedad.

Fue en esos días de agosto de 1814, que Andrés Pérez, alias el Atolero, acompañado de su amigo Joaquín, llegó a caballo al barrio de La Lagunilla y revoloteando con sus cuacos por aquí y por allá, comenzaron a llamar a la plebe a levantarse contra los europeos, organizando un buen borlote. Con las fuerzas malamente reunidas y predicando con el ejemplo, los insurrectos se fueron hacia el cuartel de artilleros del puente de Amaya y como no traían armas trataron de lazar algún cañón con la reata para secuestrarlo.

Tras un rotundo fracaso, el Atolero fue perseguido por toda la ciudad por la policía hasta que lo capturaron. Como no había producido males mayores lo condenaron en consejo de guerra a servir ocho años forzados en el Batallón Asturias peleando contra los insurgentes, pensando sus jueces que se trataba de furia juvenil y que había que darle salida a su bravura.

Al Atolero el castigo le pareció burla y se fugó de la cárcel luego, luego. Lamentablemente fue recapturado y esta vez lo condenaron a ocho años de prisión en las islas marianas.

En el juicio declaró que le había ido como en la feria, pero que eso sí era justicia, no lo otro, lo de mandarlo a luchar contra sus iguales. Y además advirtió que las islas le quedaban chicas y que un día de estos regresaría para insurreccionar a sus amigos y paisanos del barrio de La Lagunilla.

42

LOS INDIOS DEL MEZCALA

Váyase a saber lo que verdaderamente dijeron. Si lo dijeron acaso; si lo dijeron en su lengua y el realista y gachupín coronel Linares ni les entendió. Si hablaron de otras cosas o de estas, pero Guillermo Prieto contaría años después que los indios del Mezcala, en medio de la laguna de Chapala, andaban insurreccionados durante la guerra de independencia y llegó hasta sus pueblos en aquel «mar huérfano» el ejército del realista Cruz; lo recibieron a la mala en guerra de flechas y canoas y mandaron a los realistas derrotados para Guadalajara.

Y entonces les enviaron un papel, un escrito, una carta, pidiéndoles sumisión y amenazándoles con que correría mucha sangre si no se rendían. Y vaya usted a saber si la leyeron, la tiraron sin leerla, la leyó un traductor que mentía...

El caso es que contestaron: «Señor, que corra la sangre, al fin y al cabo es la nuestra.»

EXISTÍA CADA GANDALLA EN NUESTRAS FILAS

Había estudiado en la Universidad de Guadalajara e incluso se doctoró en la Universidad de Alcalá en España en algo llamado «divinas letras» que incluía el derecho canónico y cuantas teologías andaban por ahí. Consiguió un trabajo en la Colegiata de Guadalupe que todos le admiraban. Pero de vida por demás desmadrosa y dado su gusto por alcoholes y mujeres, atrapado por las deudas, a los veinticinco años, el sacerdote Francisco Lorenzo de Velasco fue delatado a la Inquisición, por su vida «desarreglada» y por las doctrinas impías que andaba predicando.

Se sumó entonces a las acciones insurgentes, según dice, «después de año y medio de estarlo meditando», y al irse se llevó las medallas y rosarios de la virgen de Guadalupe, lo que provocó que lo excomulgaran.

Sumado a las fuerzas de Rayón como brigadier participó en algunos combates, y en otros se llevó la gloria sin haber estado, haciendo publicar en *El despertar americano* que había derrotado al gachupín Castillo en Lerma, cuando quien lo había hecho fue la partida del insurgente Alcántara.

Partidario de la mano dura, hizo que apalearan a los realistas que se habían rendido en Pachuca.

Entre 1812 y 1813 anduvo de Valladolid a Guanajuato en guerrillas irregulares, ganando y perdiendo combates, y terminó uniéndose a Morelos durante el cerco de Acapulco, donde consiguió trabajo de vicario del ejército insurgente, mismo que abandonó rápidamente para volverse mariscal insurgente en Oaxaca, a donde lo mandó Morelos para librarse de sus pretensiones de ser diputado en el Congreso Constituyente.

Sin embargo llegó al Congreso, y en un ataque de programada lambisconería se dedicó a proponer que Morelos fuera generalísimo y presidente, provocando el rechazo de este, que no se veía a sí mismo como dictador armado.

En Oaxaca, reunido con otro ex sacerdote, Ignacio Ordoño, Velasco se dedicó a la parranda en palenques y burdeles, por lo que Rayón lo mandó arrestar, terminando la historia en una zacapela a balazos y la prisión de Velasco en el convento de Santo Domingo.

Se fugó acompañado de un gachupín llamado Vilchis, y reapareció en Oaxaca cuando los realistas la habían recobrado, escribiendo ahora cartas contra la independencia, acusando a Morelos de inepto, a Rayón de «monstruo de ingratitud» y declarando su arrepentimiento.

No muy confiados los realistas, lo enviaron preso a Puebla, de donde lo mandaron a Jalapa en calidad de indultado, después de que Velasco denunció a algunos de los contactos de la insurgencia en la capital. Supuestamente iría hacia España a reunirse con su padre, para lo que recibió quinientos pesos que habría de reponer en la península; pero en el camino le robó a su amigo el coronel realista Zarzosa cien onzas de oro y se fue a Tehuacán a reunirse con los insurgentes.

Allí Rosains lo perdonó, poniéndolo a prueba y dándole cargo de soldado y vicario de la tropa. Combatió aquí y allá con variada suerte y mandando tropa saqueó el pueblo de San Andrés, quemando semilla y amenazando a los naturales.

En 1816 trató de huir a los Estados Unidos, pero fue detenido por Guadalupe Victoria y puesto en calabozo de donde salió acompañando a Mier y Terán a una expedición para recuperar un desembarco de armas norteamericanas, siendo perseguido por los realistas y muriendo ahogado en el río Coatzacoalcos.

Después de la independencia, su muerte provocó una agria polémica en las filas insurgentes, siendo necesaria la aparición de testigos varios que lo habían visto morir ahogado, para librar a Terán de la acusación de haberlo asesinado, harto de tanta intriga.

Por todos estos méritos, anda rondando en los ambientes de los estudiosos de la independencia la iniciativa de nombrar a Francisco Lorenzo de Velasco patrón de los escasos ex dirigentes del movimiento del 68, que han dado el chaquetazo.

¿MORELOS?

Los retratos varios le hacen justicias varias. Con una historia oficial empeñada en ensalzarlo, ni siquiera pueden ignorar la verruga sobre el cachete derecho, la gordura y el paliacate que supuestamente usaba para evitar el sol, que le producía terribles dolores de cabeza.

El retrato propiedad de los Barba, fechado en julio de 1809, muestra a un Morelos de ojos claros, cubierto por un capote oscuro y un pañuelo blanco anudado sobre la cabeza; un Morelos más flaco y más moreno, aunque de ojos claros.

En la ilustración de 1843 del diario *El museo mexicano* tiene más pelo.

El retrato de Trinidad Carreño de 1875, «copiado en Madrid», lo muestra delgado y blanco, españolizado.

El retrato en cera de la Galería Histórica del Museo Nacional, que muchos definen como la primera imagen de Morelos, lo muestra como un cura gordo, con solideo, avejentado, con papada y ojos de sapo.

La litografía de José T. Silva para *México a través de los siglos*, lo dota de potente nariz, patilla con más pelo; lo hace menos gordo y con rasgos de criollo.

El retrato publicado por Carlos María de Bustamante lo muestra criollo de labios gruesos, regordete, sin paliacate, y fue tomado de un retrato en cera de un tal Rodríguez.

Cárdenas de la Peña reproduce (lámina 4) un óleo anónimo de la primera mitad del siglo XIX con un Morelos con mayores rasgos indígenas, más cerca de la versión a lápiz que haría O'Gorman en 1961.

Los testimonios insisten en que tenía rasgos negroides.

En suma, en nada se parecen retratos y versiones. Queda una vaga imagen común, que el paliacate unifica.

Según las chaquetas de uniforme que los españoles devolvieron a México en el centenario de la independencia (una de las guerreras es maravillosa, repleta de bordados en plata, barroca, chinaca) debía tratarse de un hombre gordo y de poca estatura.

Se cuenta que le enviaron un asesino a su campamento, pero su llegada fue precedida por una carta que lo denunciaba diciendo que se le conocía como el Barrigón. Morelos lo dejó estar, e incluso lo dejó dormir bajo la misma tienda; el asesino se asustó y no cumplió su misión, huyendo al día siguiente, lo que le permitió a Morelos contestar a sus espías diciendo que en ese campamento, con lo mal que estaban comiendo, el único barrigón era él.

CUANDO LA FELICIDAD
LO REQUIERA

Registra Alejandro Villaseñor en la biografía de José María Cos (escrita en 1909, poco antes de iniciarse la revolución) que en septiembre de 1815 los diputados que hacían resto del Congreso de Chilpancingo seguían en labores tratando de escribir una constitución, pero los tiempos militares eran muy malos. El Congreso huía y huía. Los diputados no tenían sueldo; de su escolta de ochenta hombres solo cinco tenían fusiles; a ellos les tocaban turnos de guardia y comían carne con arroz, la mayor parte de las veces sin sal, y mal dormían donde caía la noche siempre esperando a que los encontraran los realistas y los fusilaran. Aun así, no hubo día en el que no sesionaran, a veces en una casa, a veces en una ranchería, a veces a la sombra de los árboles. Y discutían como si les fuera la vida, aquella que sería más tarde la Constitución de Aptzingán, cuyo capítulo 4 reza así: «Como el gobierno no se instituye para honra o interés particular de ninguna familia, de ningún hombre ni clase de hombres, sino para la protección y seguridad general de todos los ciudadanos, unidos voluntariamente en sociedad, estos tienen derecho incontestable a establecer el gobierno que más les convenga, alterarlo, modificarlo y abolirlo, cuando su felicidad lo requiera.»

46

GUERRERO

Su paisano Ignacio Altamirano dejó un retrato de Vicente Guerrero: «Este capitán era joven también y de aspecto gallardo, trigueño, alto, esbelto, no parecía por su traje y su manera de hablar costeño; más bien revelaba desde luego su origen indígena o mestizo, lo que se conocía por su nariz pronunciadamente aguileña, por sus pómulos salientes y por sus cabellos lisos, negros y grandes formando un crecido tupé sobre la frente. Parecía como de veintisiete a veintiocho años, llevaba chaqueta de paño verde, pantalón de paño oscuro con agujetas de plata y botas de montar con ataderos finamente bordados. Una patilla negra y pequeña flanqueaba su boca ligeramente abultada». Curiosamente, en el imaginario popular Guerrero ha sobrevivido con el pelo rizado.

Era arriero y muy probablemente analfabeto. Aunque parece que se unió al ejército independiente con las tropas de Galeana Lafragua recoge las instrucciones que le dio Morelos cuando se presentó ante él para sumarse a la revolución: «Usted que habla el mexicano, diga a esos naturales que están libres y que si quieren seguir nuestras banderas que los recibiré con gusto». Y allá se fue Guerrero a levantar a los indios de Tixtla.

Su primera proclama en 1915 dice: «Mando que a su voz en los pueblos se presenten todos los que quieran demarcarse con el glorioso renombre de ciudadanos, que formen sus asambleas y que con franqueza apliquen los procedimientos que les parezcan más convenientes, no a la libertad mía, no a la de sus propias personas, o la de los intereses particulares, sino a la libertad.»

47

MINA MARCHABA
CON NOSOTROS

Baz cuenta que cuando a Francisco Javier Mina le propusieron armar buques de corso para
atacar el comercio español en América, Mina
indignado respondió que «Yo hago la guerra
a los tiranos, no a los hombres, yo combato
contra los gobiernos despóticos, no contra los
españoles.»

   ¿Qué se le había perdido a ese joven navarro de veintisiete años en México? México, tierra extraña donde con sus hombres ha de errar
el camino seis veces al salir de Soto la Marina.

   Mina fue quizá el primero de los insurgentes que la generación del 68 recupera. Era el internacionalista. Descubro con sorpresa que en
la edición de la biografía de Mina del español
Manuel Ortuño, *Fronteras de libertad*, la co-
nexión reaparece cuando el autor hace referen-

cia a su juventud internacionalista y militante y se refiere a su «experiencia mexicana, dos décadas repletas de acontecimientos y rupturas, Tlatelolco de por medio.»

48

LA MUERTE DEL GIRO

Los que lo conocieron decían de él que era extremadamente feo, añadiendo calificaciones como «figura repulsiva». Quizá por eso le dio por vestirse elegante, «muy giro», y de ahí le vino el apodo.

Se llamaba originalmente Andrés Delgado, y era un indígena tejedor de Salamanca que comenzó a hacerse notar hacia 1817 cuando mandaba a los dragones de Santiago, una pequeña caballería insurgente que hizo la guerra de guerrillas en el Bajío.

Terco como el que más se fue quedando solo, deserciones y muertes de las restantes partidas insurgentes y sus caudillos, hasta a su padre mataron los realistas por el solo hecho de serlo.

Se decía que además de feo era muy habilidoso y que llegó a tener una fábrica de armas en el cerro de Santa Ana y un escondite en las cavernas subterráneas cercanas al pueblo de Santa Cruz.

El 3 de julio de 1819 andaba vagando casi en solitario en la Cañada de la Laborcita, cerca de Chamacuero, perseguido por los realistas que finalmente lo encontraron. Se disfrazó y logró huir a un rancho cercano, de donde ya desesperado de andar huyendo regresó armado y se dedicó a insultar a los realistas retándolos.

Un alférez de los dragones de San Luis lo enfrentó a lanzazos y le clavó la suya en el pecho. Viéndolo muerto fue tras el caballo, pero el Giro se sacó la lanza clavada en el pecho y se fue hacia unas peñas hasta donde lo persiguieron los realistas. Mató a tres, hirió a varios y luego se arrojó a una barranca. Desde abajo los siguió insultando. Se negó a rendirse y los realistas lo mataron a pedradas, luego le cortaron la cabeza y se la enseñaron a su hijo de brazos. Más tarde la colgaron en la entrada de Salamanca para que todo el mundo viera lo feos que eran los insurgentes.

LOS HIJOS Y LOS NIETOS

La generación de la Reforma toma la independencia como su pasado, su fe y su referencia. Si para los bolcheviques y los anarquistas del principio de siglo la referencia eran las revoluciones europeas del 48 y la gran revolución francesa, para los liberales la guerra de independencia, menos de medio siglo a sus espaldas, era el referente, y no solo moral, político e histórico, también lo sería en términos de táctica guerrillera.

Altamirano aprendió las artes de la guerrilla de Hermenegildo Galeana y de los insurgentes del Mezcala; Rivapalacio, de su abuelo Vicente Guerrero; Juárez estudió tenacidad en la escuela de Guadalupe Victoria y González Ortega se educó con las campañas y la estrategia de Morelos.

En el México descompuesto moralmente por el santanismo, los insurgentes servían de referencia moral, de relación con el honor, de escuela de patriotismo, de modelo respecto a la intransigencia de las ideas («independencia, libertad o muerte», le dirá Guerrero a Iturbide en una de sus cartas antes de la trigarante), terquedad o valor. Por eso escribieron tanto sobre ellos, recogiendo anécdotas de viejos soldados, niños que vieron pasar a Hidalgo, rescatando recortes de viejos periódicos, hurgando en los archivos.

50

AMORES QUE MATAN

¿Y por qué quieren tanto a Iturbide últimamente?

Recientemente, entre funcionarios públicos panistas, curas reaccionarios levemente ilustrados y sectores de la aristocracia regenerada, todos ellos sectores de la nueva nacoburguesía, está de moda hacerle sonrisitas al Agustín Cosme Damián de Iturbide, aunque resulte gestor de una independencia de «mentiritas», corrupto soldado combatiente de insurgentes y autor de una salida imperial para la naciente República.

Iturbide era un criollo que se sumó a las fuerzas realistas para combatir los intentos independentistas de Hidalgo y Morelos como voluntario dentro de las tropas territoriales. Hizo guerra de exterminio, arrasando pueblos, masacrando patriotas, encarcelando mujeres por el hecho de ser parientes de insurrectos.

En su época como coronel a cargo de las guarniciones del Bajío y jefe del ejército del norte se fusilaron centenares de guerrilleros insurgentes sin juicio alguno.

El 29 de octubre de 1814, Iturbide pasó a la amplia historia de la ignominia realista al promulgar un bando según el cual daba setenta y dos horas para que las esposas e hijas de insurgentes se unieran a sus maridos, donde quiera que estos se hallaren, amenazando a las que no lo hicieran con la detención.

Como resultado de este bando más de un centenar de mujeres de Pénjamo, del rancho de Barajas y de otros puntos de Guanajuato fueron encarceladas durante cuatro años; varias murieron de enfermedades en las prisiones, otras fueron violadas por los soldados, algunas perdieron a sus hijos; tratadas como rehenes y bajo amenaza de ser diezmadas si sus parientes seguían combatiendo...

No solo era un caudillo represivo, también era un militar transa. En la medida en que como jefe militar de la zona controlaba la vigilancia armada de los convoyes, sistemáticamente acosados por las partidas insurgentes, Iturbide se convirtió en comerciante con ventaja. Transportando el azogue que se necesitaba para el beneficio de la plata, hacía llegar a sus mulas antes que las de la competencia y lograba así mejores precios. Se volvió monopolista del algodón y del grano, comprando a través de intermediarios cosechas que como jefe militar obligaba a vender so pretexto de que podrían caer en las manos de los insurgentes; detenía convoyes o los distraía para subir los precios de algún producto o provocar escasez. Y así, en paralelo a su correspondencia militar con el virrey, un río de cartas y notas firmadas por Iturbide y destinadas a sus agentes recorrió el Bajío, sugiriendo que se permitiera sembrar a los pueblos rebeldes para luego expropiarles la cosecha, pidiendo cuentas a un arriero, moviendo a sus emisarios para que el azogue llegara a Guanajuato antes que el de otros, vendiendo arrobas de chile a precio de inflación que él mismo provocaba, comerciando en algodón comprado a precio obligado para que los insurgentes no se «lo llevaran», organizando providencias para evacuar maíz…

Estas actividades provocaron la protesta de algunas de las casas comerciales más conservadoras de la región, entre ellas las del conde de Rull y las de Alamán, lo que provocó que el virrey llamara a Iturbide a juicio en abril de

1816, y aunque luego lo exonerara con el argumento de que como no era militar regular podía comerciar, lo dejó sin mando de tropa hasta años más tarde.

En 1821, Iturbide propuso como salida al vacío de poder una independencia monárquica en la que el trono de México se ofrecería a un Borbón español, en la que los contenidos sociales del ideario de Morelos estaban ausentes. En suma, proponía el olvido de once años de guerra civil.

Y cuando el Plan de Iguala se convirtió en gobierno independiente, el primer gobierno emanado de él se constituyó con militares realistas, miembros de la alta jerarquía católica y gachupines ricos.

El movimiento independentista había quedado secuestrado. Iturbide, el gran consumador de la independencia, era el gatopardo nacional, quien proponía que todo cambiara para que todo siguiera igual, que incluso había elegido la independencia como un mal menor ante la nueva promulgación de la Constitución liberal española. Y la salida fue un imperio con Congreso primero, sin Congreso al fin, en cuanto Iturbide pudo librarse de él y disolverlo, encarcelando a varios de los diputados.

Las modas van, las modas vuelven, durante ciento cincuenta años la mochería conservadora ha venido proponiendo la restitución de Agustín I en el santoral laico nacional como artífice de la Independencia de México, al que le debemos la bandera y una salida sensata para el embrollo que la independencia significaba, donde había mucha plebe resentida ansiosa de reparación de agravios.

Los agraviados y sus herederos seguimos pensando que Iturbide no era de los nuestros. Y que mejor vaya y chingue a su madre.

51

EL ÚLTIMO DE LOS GALEANA

En 1821, perdido en las montañas de Guerrero, en tierra de mosquitos y de hombres pobres, sostenía una pequeña guerrilla Pablo Galeana, más por terquedad y fidelidad a los vivos y a los muertos que por otra cosa.

De allí lo había desalojado un año antes el gachupín Armijo, arrasando pueblos y sembrados, y allá volvió a seguir peleando Pablo.

Era el último de los Galeana. Luis, su hermano, había muerto en el sitio de Cuautla en 1813; Juan Antonio, su padre, había muerto en 1813 por las fiebres durante el cerco de Acapulco; Hermenegildo, su tío, el mariscal de Morelos, había muerto en combate cerca de Coyuca en junio de 1814 cuando una maldita rama se cruzó ante su caballo en huida.

Ya no quedaban Galeanas. Nomás este ranchero de cuarenta años, coronel de una partida misérrima de insurgentes que combatía en Zacatula.

Fue entonces cuando le llegó un recado de Guerrero: que ya había independencia, que había un pacto con Iturbide para lograrla. Y llegaron más mensajes que decían que ya casi todo había terminado, y menos mal que Guerrero se acordó de él, porque si no le avisan, todavía seguiría en esos cerros peleando. Galeana no se lo acababa de creer, pero por si las dudas puso a sus hombres a caballo e invadió Michoacán para encontrarse allí con Guerrero.

Una vez se hubo desmoronado la resistencia realista, Galeana rechazó ofrecimientos civiles y militares y diciendo «Me voy tal como vine», se retiró al rancho del Zanjón, a cultivar la tierra y a recordar a los muertos.

52

LUEGO LLEGARON
LOS BURÓCRATAS

En el gobierno de Iturbide el debate por establecer la fecha en la que se celebraría la independencia fue enconado. Los iturbidistas insistían que fuera el 27 de septiembre, día que hizo entrada en la Ciudad de México el ejército de las tres garantías. Y solo después de un virulento debate, se quedó en reconocerlo en plan de igualdad con el 16 de septiembre.

A la caída del imperio, en 1823, una comisión del Congreso estableció la lista oficial de los padres de la patria: Hidalgo, Allende, Juan Aldama, Abasolo, Morelos, Matamoros, Leonardo Bravo, Miguel Bravo, Hermenegildo Galeana, Jímenez, Mina, Moreno y Rosales.

La fiesta nacional estuvo a punto de estropearse porque en la Ciudad de México había una epidemia de sarampión.

53

LA ÚLTIMA BANDERA

Un virrey que se rinde no es un imperio que se desvanece y en un remoto recodo de México, el imperio permaneció. El último resto fue la fortaleza de San Juan de Ulúa en un islote enfrente del puerto de Veracruz.

Diseñada para ser un castillo que protegiera al puerto de los piratas, comunicada por mar con La Habana, podía resistir durante años.

Desde Veracruz frecuentemente se les hostigaba e incluso su jefe, un tal Lemaur, al que Dávila le había entregado el mando en octubre del 1822, en un acto de locura imperial a lo pendejo, ordenó en represalia por un ataque de las tropas mexicanas el bombardeo de la ciudad de Veracruz.

Setenta y dos cañones escupieron fuego sobre una población desguarnecida y teniendo como objetivo a los civiles. Los jarochos tuvieron que abandonar su ciudad bajo el fuego.

Bajo el mando del brigadier José Coppinger continuó la resistencia de la fortaleza, que tras cuatro años de independencia parecía un insulto insuperable, una espina clavada. Pero parecía no haber manera de doblegarla. El abastecimiento de la fortaleza se hacía por barco, y desde buques mayores llegaban a Ulúa en chalupas y botes, municiones, víveres y hasta «vino», añadiría un cronista.

Finalmente el potosino Miguel Barragán ordenó el cerco con la ayuda de barcos que había comprado en Inglaterra el gobierno mexicano. El bloqueo marítimo se armó con las fragatas Libertad y Victoria, el bergantín Bravo, la goleta Papaloapan y los cañoneros Grijalba y Tampico. El cerco funcionó rechazando los auxilios que les venían de La Habana a los realistas. Comenzaron las negociaciones para la rendición.

El 19 de septiembre de 1925 la última bandera española se arrió en territorio mexicano.

Un país independiente, pero devastado tras once años de guerra civil y cuatro turbulentos años de posguerra quedaba atrás.

Nota sobre las fuentes informativas

La mejor biografía de Hidalgo me parece la de Luis Castillo Ledón: *Hidalgo, la vida del héroe*. Hay elementos interesantes en la de Mancisidor: *Hidalgo, Morelos, Guerrero*; la de Altamirano: *Don Miguel Hidalgo y Costilla*; en *Ruta de Hidalgo* de Felipe Jiménez de la Rosa; en Guzmán Peredo: *Miguel Hidalgo y la ruta de la independencia* y Alfonso García Ruiz: *Ideario de Hidalgo*.

El catálogo de insultos contra Hidalgo surge del estudio introductorio de Masae Sugawara a *El anti-Hidalgo*. Después de haber redactado esa viñeta descubrí que la idea se le ocurrió a otros antes que a mí, Florencio Zamarripa, por ejemplo, en la página 73 de su *Anecdotario insurgente* rescata una lista doblemente más larga de insultos dirigidos a Hidalgo producto de esta y otras fuentes. Sobre los estudios de Hidalgo, Juan Hernández Luna: *El mundo intelectual de Hidalgo*.

El fusilamiento de Hidalgo fue narrado por su verdugo Pedro Armendáriz, teniente de presidio en Chihuahua, en una carta al periódico *La Abeja Poblana* y ha sido recogida recientemente en un folleto *Muerte de los señores generales cura don Miguel Hidalgo y Costilla, don Ignacio Allende, Aldama, Jiménez y Santamaría*. La anéccdota de lo sucedido en la Alhóndiga es recogida por Lucio Marmolejo en *Efemérides guanajuatenses*. Interesante también es Ezequiel Almanza: *Historia de la Alhóndiga de Granaditas* y Fernando Serrano Migallón: *El grito de independencia*.

Allende cuenta también con varias biografías; las más documentadas, las de Alejandro Gertz Manero, Armando de María y Campos: *Allende, primer soldado de la nación* y Fausto Marín Tamayo: *La juventud de Ignacio Allende*.

Josefa Ortiz de Domínguez cuenta con un par de pequeñas biografías, la de Alejandro Villaseñor en *Biografías de los héroes y caudillos de la independencia* y la de Gustavo Baz en *Hombres ilustres mexicanos*.

Hay dos narraciones de testigos directos, la de Pedro García, *Con el cura Hidalgo en la guerra de independencia*, y la de Pedro Sotelo, *Memoria del último de los primeros soldados de la independencia.*

La mejor valoración ideológica de la independencia, sin duda la de Luis Villoro, *El proceso ideológico de la revolución de independencia,* que escrito en 1953 parece no envejecer con el paso de los años.

Dos grandes colecciones documentales son accesibles al gran público, la de Hernández y Dávalos, reimpresa por el Instituto de Estudios de la Revolución Mexicana, y la de Genaro García, reimpresa por la SEP en 1985. Son interesantes la colección de *Textos de su historia, la Independencia de México* de la SEP y el Instituto Mora y el *Prontuario de insurgentes,* editado por la UNAM.

Contienen una enorme cantidad de información y fueron escritas a corta distancia de los hechos el *Cuadro histórico de la Revolución Mexicana*, de Carlos María de Bustamante y las *Adiciones y rectificaciones a la historia de México*, de José María de Liceaga. Una perspectiva conservadora en Lucas Alamán: *Semblanza e idearie* e *historia de Méjico.*

Morelos en las biografías de Dromundo, Esperón, Ubaldo Vargas, Herrejón y Carlos Peredo: *Morelos, documentos inéditos*.

El sitio de Cuautla es muy bien contado por Luis Chávez Orozco en un texto de 1931, al que hay que agradecerle la enorme precisión de sus datos, y se cuenta con la narración directa del capitán Felipe Benicio Montero.

Los lugartenientes de Morelos en Alvear Acevedo: *Galeana*, Lilian Briseño, Laura Solares y Laura Suárez: *Guadalupe Victoria, primer presidente de México*, De la Rosa: *Mariano Matamoros*, González Navarro: *Guerrero y la tradición agrarista del sur*, Héctor Ibarra: *Nicolás Bravo, historia de una venganza*, Ernesto Lemoine: *Vicente Guerrero, última opción de la insurgencia*, Armando de María y Campos: *Matamoros, teniente general insurgente*, De la Rosa: *Mariano Matamoros*, Oropeza: *El ejército libertador del sur*, Ramírez Fentanes: *Colección de documentos más importantes relativos al general de división Vicente Guerrero*, José María Lafragua: *Vicente Guerrero, el mártir de Cullapam*.

La visión liberal del XIX, muy claramente en *Hombres ilustres mexicanos* de Zárate, Agoitia, Baz, Jorge Hammeken, Olaguirre, Lafragua y

Olmedo y en *Efemérides históricas y biográficas* de Francisco Sosa

Cuatro novelas contemporáneas se han escrito sobre estos acontecimientos: *Los tambores de Calderón* de Jan Meyer, la novela de Villalpando sobre Calleja: *Mi gobierno será detestado*, la de Mario Moya Palencia: *El zorro enjaulado*, y *Victoria* de Eugenio Aguirre; las dos últimas con una buena investigación documental tras de sí.

Vale la pena revisar el libro de Fernando Benítez: *La ruta de la libertad*, los *Once ensayos de tema insurgente* de Luis González y *Utopías mexicanas* de un Gastón García Cantú anterior a su fase estatalista.

Las batallas de la primera etapa de la revolución han sido contadas por Heriberto Frías con mucho color pero quizá con no demasiado rigor en *Episodios militares mexicanos*, en Gabriel Ferry: *La vida militar en México* y en Ruth Solís: *Las grandes batallas en la guerra de independencia*.

Mina y Moreno en los libros de Ortuño: *Xavier Mina, fronteras de libertad* y Martín Luis Guzmán: *Javier Mina, héroe de España y México*, José G. Zuno: *Don Pedro Moreno*.

Iturbide en Alfonso Trueba: *Iturbide, un destino trágico*, Julio Zárate: *La fase final de la guerra de independencia*, Anna: *El imperio de Iturbide*, Heliodoro Valle: *Iturbide, varón de Dios* y Miguel Ángel Sánchez Lamego: *Treinta contra cuatrocientos*. En *¿Hidalgo o Iturbide?*, Víctor Orozco sigue inteligentemente el debate sobre el reconocimiento de la fecha sagrada.

Resultan particularmente interesantes el libro de Mario Mena: *El dragón de Fierro*, Manuel Acuña, Gustavo Baz, Rafael del Castillo y otros: *Romancero de la guerra de independencia*, el *Atlas histórico de la Independencia de México*, los libritos de J. León: *El último baluarte* y *La bandera de los realistas*, la historia de San Juan de Ulúa de Francisco Santiago Cruz, Fernando Osorno: *El insurgente Albino García*, Brian Hamnett: *Raíces de la insurgencia en México, historia regional 1750-1824*, Doris Ladd: *La nobleza mexicana en la época de la independencia, 1780-1826*, Rogelio Orozco: *Fuentes históricas de la Independencia de México*, Jaime Rodríguez: *El proceso de la Independencia de México* y la versión de la independencia de *México a través de los siglos*, narrada por Julio Zárate.

Son interesantes las antologías de Virginia Guedea: *Textos insurgentes*, Álvaro Matute: *México en el siglo XIX*. Jacobo Dalevuelta y Manuel Becerra Acosta: *Visiones de la guerra de independencia*; Gastón García Cantú: *Lecturas nacionales* y *Episodios históricos de la guerra de independencia*, una antología editada por Aeroméxico, recoge muchas de las narraciones liberales.

Historias generales y abundantes en información: Juan N. Chavarri: *Historia de la guerra de independencia*, Luis Chávez Orozco: *Historia de México, 1808-1836*, Agustín Cue Cánovas: *Historia social y económica de México*, De la Torre Villar, Ernesto: *La Independencia Mexicana*, Domínguez, Jorge I. *Insurrección o lealtad*, Elsa Gracida, y Esperanza Fujigaki: *La revolución de independencia en México, un pueblo en la historia*.

Hay una serie de historias regionales que recogen información que no llega a los textos generales: José Luis Lara Valdez: *Guanajuato, historiografía*, Epigmenio López Barroso: *Diccionario geográfico, histórico y estadístico del distrito de Abasolo, del estado de Guerrero*, Melgarejo: *Boquilla de Piedras, el puerto de la insurgencia*, Ochoa: *Los insurgentes del Mezcala*, Ramírez Flores: *El gobierno insurgente en Guadalajara*, Rincón, Anaya y Gómez Labardini: *Breve historia de Querétaro*.

Y desde luego estas viñetas nunca hubieran podido ser escritas sin las *Lecciones de historia patria* de Guillermo Prieto, las *Noticias biográficas de insurgentes apodados* de Elías Amador y las *Biografías de los héroes y caudillos de la independencia* de Alejandro Villaseñor.

Índice